TABLE DES MATIÈRES

ÍNDICE

PROOF OF PURCHASE &
PRODUCT REGISTRATION

Always keep a copy of the sales receipt showing the date of purchase of your Stand Mixer. Proof of purchase will assure you of in-warranty service.

Before you use your Stand Mixer, please fill out and mail your product registration card packed with the unit.

This card will enable us to contact you in the unlikely event of a product safety notification and assist us in complying with the provisions of the Consumer Product Safety Act. This card does not verify your warranty.

Please complete the following for your personal records:

Model Number _____

Serial Number _____

Date Purchased _____

Store Name _____

Your safety and the safety of others are very important.

We have provided many important safety messages in this manual and on your appliance. Always read and obey all safety messages.

This is the safety alert symbol.

This symbol alerts you to potential hazards that can kill or hurt you and others.

All safety messages will follow the safety alert symbol and either the word "DANGER" or "WARNING." These words mean:

⚠ DANGER

You can be killed or seriously injured if you don't <u>immediately</u> follow instructions.

⚠ WARNING

You can be killed or seriously injured if you don't follow instructions.

All safety messages will tell you what the potential hazard is, tell you how to reduce the chance of injury, and tell you what can happen if the instructions are not followed.

IMPORTANT SAFEGUARDS

When using electrical appliances, basic safety precautions should always be followed including the following:

1. Read all instructions.

2. To protect against risk of electrical shock, do not put Stand Mixer in water or other liquid.

3. Close supervision is necessary when any appliance is used by or near children.

4. Unplug Stand Mixer from outlet when not in use, before putting on or taking off parts and before cleaning.

5. Avoid contacting moving parts. Keep hands, hair, clothing, as well as spatulas and other utensils away from beater during operation to reduce the risk of injury to persons and/or damage to the Stand Mixer.

6. Do not operate Stand Mixer with a damaged cord or plug or after the Stand Mixer malfunctions, or is dropped or damaged in any manner. Return appliance to the nearest Authorized Service Center for examination, repair or electrical or mechanical adjustment. Call the KitchenAid Customer Satisfaction Center at 1-800-541-6390 for more information.

7. The use of attachments not recommended or sold by KitchenAid may cause fire, electrical shock or injury.

8. Do not use the Stand Mixer outdoors.
9. Do not let the cord hang over edge of table or counter.
10. Remove flat beater, wire whip or dough hook from Stand Mixer before washing.
11. This product is designed for household use only.

SAVE THESE INSTRUCTIONS

ELECTRICAL REQUIREMENTS

Volts: 120 A.C. only. Hertz: 60
The wattage rating for your Stand Mixer is printed on a tag under the mixer base. It is also listed on the trim band.

If the power cord is too short, have a qualified electrician or serviceman install an outlet near the appliance.

⚠**WARNING**

Electrical Shock Hazard

Plug into a grounded 3 prong outlet.

Do not remove ground prong.

Do not use an adapter.

Do not use an extension cord.

Failure to follow these instructions can result in death, fire, or electrical shock.

KITCHENAID® STAND MIXER WARRANTY

Length of Warranty:	KitchenAid Will Pay For:	KitchenAid Will Not Pay For:
50 United States, the District of Columbia, Canada, and Puerto Rico: One-year limited warranty from date of purchase.	**50 United States, the District of Columbia and Canada:** Hassle-free replacement of your Stand Mixer. See the following page for details on how to arrange for replacement. OR **In Puerto Rico:** The replacement parts and repair labor costs to correct defects in materials and workmanship. Service must be provided by an Authorized KitchenAid Service Center. To arrange for service, follow the instructions on page 8.	A. Repairs when Stand Mixer is used in other than normal single family home use. B. Damage resulting from accident, alteration, misuse or abuse or use with products not approved by KitchenAid. C. Replacement parts or repair labor costs for Stand Mixer when operated outside the country of purchase.

DISCLAIMER OF IMPLIED WARRANTIES; LIMITATION OF REMEDIES
IMPLIED WARRANTIES, INCLUDING TO THE EXTENT APPLICABLE WARRANTIES OF MERCHANTABILITY OR FITNESS FOR A PARTICULAR PURPOSE, ARE EXCLUDED TO THE EXTENT LEGALLY PERMISSIBLE. ANY IMPLIED WARRANTIES THAT MAY BE IMPOSED BY LAW ARE LIMITED TO ONE YEAR, OR THE SHORTEST PERIOD ALLOWED BY LAW. SOME STATES AND PROVINCES DO NOT ALLOW LIMITATIONS OR EXCLUSIONS ON HOW LONG AN IMPLIED WARRANTY OF MERCHANTABILITY OR FITNESS LASTS, SO THE ABOVE LIMITATIONS OR EXCLUSIONS MAY NOT APPLY TO YOU.

IF THIS PRODUCT FAILS TO WORK AS WARRANTED, CUSTOMER'S SOLE AND EXCLUSIVE REMEDY SHALL BE REPAIR OR REPLACEMENT ACCORDING TO THE TERMS OF THIS LIMITED WARRANTY. KITCHENAID AND KITCHENAID CANADA DO NOT ASSUME ANY RESPONSIBILITY FOR INCIDENTAL OR CONSEQUENTIAL DAMAGES. This warranty gives you specific legal rights and you may also have other rights which vary from state to state or province to province.

HASSLE-FREE REPLACEMENT WARRANTY – 50 UNITED STATES AND DISTRICT OF COLUMBIA

We're so confident the quality of our products meets the exacting standards of KitchenAid that, if your Stand Mixer should fail within the first year of ownership, KitchenAid will arrange to deliver an identical or comparable replacement to your door free of charge and arrange to have your original Stand Mixer returned to us. Your replacement unit will also be covered by our one year limited warranty. Please follow these instructions to receive this quality service.

If your KitchenAid® Stand Mixer should fail within the first year of ownership, simply call our toll-free Customer Satisfaction Center at 1-800-541-6390 Monday through Friday, 8 a.m. to 8 p.m. (Eastern Time), or Saturday, 10 a.m. to 5 p.m. Give the consultant your complete shipping address. (No P.O. Box numbers, please.)

When you receive your replacement Stand Mixer, use the carton and packing materials to pack up your original Stand Mixer. In the carton, include your name and address on a sheet of paper along with a copy of the proof of purchase (register receipt, credit card slip, etc.).

HASSLE-FREE REPLACEMENT WARRANTY – CANADA

We're so confident the quality of our products meets the exacting standards of the KitchenAid® brand that, if your Stand Mixer should fail within the first year of ownership, KitchenAid Canada will replace your Stand Mixer with an identical or comparable replacement. Your replacement unit will also be covered by our one year limited warranty. Please follow these instructions to receive this quality service.

If your KitchenAid® Stand Mixer should fail within the first year of ownership, take the Stand Mixer or ship collect to an Authorized KitchenAid Service Centre. In the carton include your name and complete shipping address along with a copy of the proof of purchase (register receipt, credit card slip, etc.). Your replacement Stand Mixer will be returned prepaid and insured. If you are unable to obtain satisfactory service in this manner call our toll-free Customer Interaction Centre at 1-800-807-6777.
Or write to us at:

Customer Interaction Centre
KitchenAid Canada
1901 Minnesota Court
Mississauga, ON L5N 3A7

HOW TO ARRANGE FOR WARRANTY SERVICE IN PUERTO RICO

Your KitchenAid® Stand Mixer is covered by a one-year limited warranty from the date of purchase. KitchenAid will pay for replacement parts and labor costs to correct defects in materials and workmanship. Service must be provided by an Authorized KitchenAid Service Center.

Take the Stand Mixer or ship prepaid and insured to an Authorized KitchenAid Service Center. Your repaired Stand Mixer will be returned prepaid and insured. If you are unable to obtain satisfactory service in this manner, call toll-free 1-800-541-6390 to learn the location of a Service Center near you.

HOW TO ARRANGE FOR SERVICE AFTER THE WARRANTY EXPIRES – ALL LOCATIONS

Before calling for service, please review the Troubleshooting section on page 9.

For service information in the 50 United States, District of Columbia, and Puerto Rico, call toll-free 1-800-541-6390.

Or write to:
Customer Satisfaction Center
KitchenAid Portable Appliances
P.O. Box 218
St. Joseph, MI 49085-0218

Or contact an Authorized Service Center near you.

For service information in Canada, call toll-free 1-800-807-6777.

Or write to:
Customer Interaction Centre
KitchenAid Canada
1901 Minnesota Court
Mississauga, ON L5N 3A7

HOW TO ARRANGE FOR SERVICE OUTSIDE THESE LOCATIONS

Consult your local KitchenAid dealer or the store where you purchased the Stand Mixer for information on how to obtain service.

For service information in Mexico, call toll-free 01-800-024-17-17 (JV Distribuciones)

Or

01-800-902-31-00 (Industrias Birtman)

HOW TO ORDER ACCESSORIES AND REPLACEMENT PARTS

To order accessories or replacement parts for your Stand Mixer in the 50 United States, District of Columbia, and Puerto Rico,
call toll-free 1-800-541-6390
Monday through Friday, 8 a.m. to 8 p.m. (Eastern Time), or Saturday, 10 a.m. to 5 p.m.

Or write to:
Customer Satisfaction Center,
KitchenAid Portable Appliances,
P.O. Box 218,
St. Joseph, MI 49085-0218

To order accessories or replacement parts for your Stand Mixer in Canada,
call toll-free 1-800-807-6777.

Or write to:
Customer Interaction Centre
KitchenAid Canada
1901 Minnesota Court
Mississauga, ON L5N 3A7

To order accessories or replacement parts for your Stand Mixer in Mexico,
call toll-free
01-800-024-17-17
(JV Distribuciones)
Or
01-800-902-31-00
(Industrias Birtman)

TROUBLESHOOTING PROBLEMS

Please read the following before calling your service center.

1. The Stand Mixer may warm up during use. Under heavy loads with extended mixing time periods, you may not be able to comfortably touch the top of the unit. This is normal.
2. The Stand Mixer may emit a pungent odor, especially when new. This is common with electric motors.
3. If the flat beater hits the bowl, stop the Stand Mixer. See "Beater to Bowl Clearance," page 14.

Keep a copy of the sales receipt showing the date of purchase. Proof of purchase will assure you of in-warranty service.

If your Stand Mixer should malfunction or fail to operate, please check the following:

– Is the Stand Mixer plugged in?
– Is the fuse in the circuit to the Stand Mixer in working order? If you have a circuit breaker box, be sure the circuit is closed.
– Turn the Stand Mixer off for 10-15 seconds, then turn it back on. If the mixer still does not start, allow it to cool for 30 minutes before turning it back on.

If the problem cannot be fixed with the steps provided in this section, then contact KitchenAid or an Authorized Service Center:

USA/Puerto Rico: 1-800-541-6390
Canada: 1-800-807-6777
Mexico: 01-800-024-17-17
(JV Distribuciones)
or
01-800-902-31-00
(Industrias Birtman)

See the KitchenAid Warranty and Service section on page 6 for additional details. Do not return the Blender to the retailer – they do not provide service.

TILT-HEAD STAND MIXER FEATURES

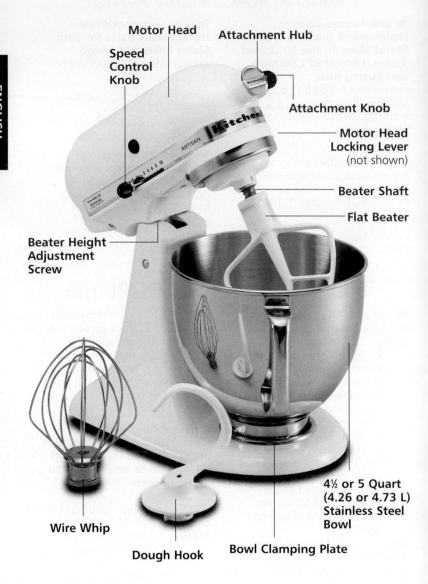

Motor Head

Speed Control Knob

Attachment Hub

Attachment Knob

Motor Head Locking Lever (not shown)

Beater Shaft

Flat Beater

Beater Height Adjustment Screw

Wire Whip

Dough Hook

Bowl Clamping Plate

4½ or 5 Quart (4.26 or 4.73 L) Stainless Steel Bowl

NOTE: This photo shows the Artisan® Series Stand Mixer. The features on your mixer model may differ slightly.

ASSEMBLING YOUR TILT-HEAD STAND

⚠️WARNING

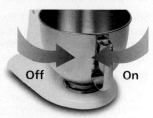

Off   On

Electrical Shock Hazard

Plug into a grounded 3 prong outlet.

Do not remove ground prong.

Do not use an adapter.

Do not use an extension cord.

Failure to follow these instructions can result in death, fire, or electrical shock.

To Attach Bowl

1. Turn speed control to OFF.
2. Unplug stand mixer or disconnect power.
3. Tilt motor head back.
4. Place bowl on bowl clamping plate.
5. Turn bowl gently into clockwise direction.
6. Plug into a grounded 3 prong outlet.

To Remove Bowl

1. Turn speed control to OFF.
2. Unplug stand mixer or disconnect power.
3. Tilt motor head back.
4. Turn bowl counterclockwise.

To Attach Flat Beater, Wire Whip, or Dough Hook

1. Turn speed control to OFF.
2. Unplug stand mixer or disconnect power.
3. Tilt motor head back.
4. Slip beater onto beater shaft and press upward as far as possible.
5. Turn beater to right, hooking beater over pin on shaft.
6. Plug into a grounded 3 prong outlet.

Pin

To Remove Flat Beater, Wire Whip or Dough Hook

1. Turn speed control to OFF.
2. Unplug stand mixer or disconnect power.
3. Tilt motor head back.
4. Press beater upward as far as possible and turn left.
5. Pull beater from beater shaft.

To Operate Speed Control

Speed control lever should always be set on lowest speed for starting, then gradually moved to desired higher speed to avoid splashing ingredients out of bowl. See page 15 for Speed Control Guide.

Speed Control

To Lock Motor Head

1. Make sure motor head is completely down.
2. Place locking lever in LOCK position.
3. Before mixing, test lock by attempting to raise head.

Lock Unlock

To Unlock Motor Head

1. Place lever in UNLOCK position.

NOTE: Motor head should always be kept in LOCK position when using mixer.

USING YOUR POURING SHIELD*

To Attach Pouring Shield

1. Turn speed control to OFF.
2. Unplug stand mixer or disconnect power.
3. Attach flat beater, dough hook, or wire whip and bowl (see page 11).
4. From the front of the mixer, slide the pouring shield over the bowl until the shield is centered. The bottom rim of the shield should fit within the bowl.

To Remove Pouring Shield

1. Turn speed control to OFF.
2. Unplug stand mixer or disconnect power.
3. Lift the front of the pour shield clear of the bowl rim and pull forward.
4. Remove attachment and bowl.

To Use Pouring Shield

1. For best results, rotate the shield so the motor head covers the "u" shaped gap in the shield. The pouring chute will be just to the right of the attachment hub as you face the mixer.
2. Pour the ingredients into the bowl through the pouring chute.

* If Pouring Shield is included.

USING YOUR KITCHENAID® ACCESSORIES

Flat Beater for normal to heavy mixtures:

cakes
creamed frostings
candies
cookies
pie pastry

biscuits
quick breads
meat loaf
mashed potatoes

Wire Whip for mixtures that need air incorporated:

eggs
egg whites
heavy cream
boiled frostings

sponge cakes
angel food cakes
mayonnaise
some candies

Dough Hook for mixing and kneading yeast doughs:

breads
rolls

coffee cakes
buns

MIXING TIME

Your KitchenAid® Stand Mixer will mix faster and more thoroughly than most other electric Stand Mixers. Therefore, the mixing time in most traditional and non-packaged recipes must be adjusted to avoid overbeating. With cakes, for example, beating time may be half as long as with other Stand Mixers.

TILT-HEAD STAND MIXER USE

⚠ WARNING

Injury Hazard

Unplug mixer before touching beaters.

Failure to do so can result in broken bones, cuts or bruises.

NOTE: Do not scrape the bowl while the Stand Mixer is operating.

The bowl and beater are designed to provide thorough mixing without frequent scraping. Scraping the bowl once or twice during mixing is usually sufficient. Turn the unit off before scraping.

The Stand Mixer may warm up during use. Under heavy load with extended mixing time, you may not be able to comfortably touch the top of the unit. This is normal.

CARE AND CLEANING

Bowl, white flat beater and white dough hook may be washed in an automatic dishwasher. Or, clean them thoroughly in hot sudsy water and rinse completely before drying. Wire whip should be hand washed and dried immediately. Do not wash the wire whip in a dishwasher. Do not store the beaters on the shaft.

NOTE: Always be sure to unplug the Stand Mixer before cleaning. Wipe the Stand Mixer with a soft, damp cloth. Do not use household or commercial cleaners. Do not immerse in water. Wipe off the beater shaft frequently, removing any residue that may accumulate.

BEATER TO BOWL CLEARANCE

Your Stand Mixer is adjusted at the factory so the flat beater just clears the bottom of the bowl. If, for any reason, the flat beater hits the bottom of the bowl or is too far away from the bowl, you can correct the clearance easily.

1. Turn speed control to OFF.
2. Unplug stand mixer or disconnect power.
3. Tilt motor head back.
4. Turn screw (A) SLIGHTLY counter clockwise (left) to raise the flat beater or clockwise (right) to lower the flat beater.
5. Make adjustment so that the flat beater just clears the surface of the bowl. If you over adjust the screw, you may not be able to lock the motor head when it is lowered.

A

NOTE: When properly adjusted, the flat beater will not strike the bottom or side of the bowl. If the flat beater or the wire whip is adjusted so that it strikes the bowl, the coating may wear off the beater, or the wires on the whip may wear.

SPEED CONTROL GUIDE

Number of Speed

Stir Speed		
Speed	**STIR**	For slow stirring, combining, mashing, starting all mixing procedures. Use to add flour and dry ingredients to batter, add liquids to dry ingredients, and combine heavy mixtures. Use with Ice Cream Maker attachment.
2	**SLOW MIXING**	For slow mixing, mashing, faster stirring. Use to mix heavy batters and candies, start mashing potatoes or other vegetables, cut shortening into flour, mix thin or splashy batters, and mix and knead yeast dough. Use with Can Opener attachment.
4	**MIXING, BEATING**	For mixing semi-heavy batters, such as cookies. Use to combine sugar and shortening and to add sugar to egg whites for meringues. Medium speed for cake mixes. Use with: Food Grinder, Rotor Slicer/Shredder, and Fruit/Vegetable Strainer.
6	**BEATING, CREAMING**	For medium fast beating (creaming) or whipping. Use to finish mixing cake, doughnut, and other batters. High speed for cake mixes. Use with Citrus Juicer attachment.
8	**FAST BEATING, WHIPPING**	For whipping cream, egg whites, and boiled frostings.
10	**FAST WHIPPING**	For whipping small amounts of cream or egg whites. Use with Pasta Maker and Grain Mill attachments.

NOTE: Mixer may not maintain fast speeds under heavy load, such as when the Pasta Maker or Grain Mill attachments are used. This is normal.

NOTE: The Speed Control Lever can be set between the speeds listed in the above chart to obtain speeds 3, 5, 7, and 9 if a finer adjustment is required.

Do not exceed Speed 2 when preparing yeast dough. This may damage the mixer.

Converting Your Recipe for the Mixer

The mixing instructions for recipes in this book can guide you in converting your own favorite recipes for preparation with your KitchenAid® Stand Mixer. Look for recipes similar to yours and then adapt your recipes to use the procedures in the similar KitchenAid recipes.

For example, the "quick mix" method (sometimes referred to as the "dump" method) is ideal for simple cakes, such as the Quick Yellow Cake and Easy White Cake included in this book. This method calls for combining dry ingredients with most or all liquid ingredients in one step.

More elaborate cakes, such as tortes, should be prepared using the traditional cake mixing method. With this method, sugar and the shortening, butter, or margarine are thoroughly mixed (creamed) before other ingredients are added.

For all cakes, mixing times may change because your KitchenAid® Stand Mixer works more quickly than other mixers. In general, mixing a cake with the KitchenAid® Stand Mixer will take about half the time called for in most traditional and non-packaged cake recipes.

To help determine the ideal mixing time, observe the batter or dough and mix only until it has the desired appearance described in your recipe, such as "smooth and creamy."

To select the best mixing speeds, use the Speed Control Guide on page 15.

Adding Ingredients

Always add ingredients as close to side of bowl as possible, not directly into the moving beater. The Pouring Shield can be used to simplify adding ingredients.

NOTE: If ingredients in very bottom of bowl are not thoroughly mixed, then the beater is not far enough into the bowl. See "Beater to Bowl Clearance" on page 14.

Cake Mixes

When preparing packaged cake mixes, use Speed 2 for low speed, Speed 4 for medium speed, and Speed 6 for high speed. For best results, mix for the time stated on the package directions.

Adding Nuts, Raisins, or Candied Fruits

Follow individual recipes for guidelines on including these ingredients. In general, solid materials should be folded in the last few seconds of mixing on Stir Speed. The batter should be thick enough to prevent the fruit or nuts from sinking to the bottom of the pan during baking. Sticky fruits should be dusted with flour for better distribution in the batter.

Liquid Mixtures

Mixtures containing large amounts of liquid ingredients should be mixed at lower speeds to avoid splashing. Increase mixer speed only after the mixture has thickened.

EGG WHITES

Place room temperature egg whites in a clean, dry bowl. Attach bowl and wire whip. To avoid splashing, gradually turn to designated speed and whip to the desired stage. See chart below.

AMOUNT	SPEED
1 egg white ...	GRADUALLY to 10
2+ egg whites ...	GRADUALLY to 8

Whipping Stages

With your KitchenAid® mixer, egg whites whip quickly. So, watch carefully to avoid overwhipping. This list tells you what to expect.

Frothy
Large, uneven air bubbles.

Begins to Hold Shape
Air bubbles are fine and compact; product is white.

Soft Peak
Tips of peaks fall over when wire whip is removed.

Almost Stiff
Sharp peaks form when wire whip is removed, but whites are actually soft.

Stiff But Not Dry
Sharp, stiff peaks form when wire whip is removed. Whites are uniform in color and glisten.

Stiff and Dry
Sharp, stiff peaks form when wire whip is removed. Whites are speckled and dull in appearance.

WHIPPED CREAM

Pour cold whipping cream into a chilled bowl. Attach bowl and wire whip. To avoid splashing, gradually turn to designated speed and whip to the desired stage. See chart below.

AMOUNT	SPEED
¼ - ¾ cup.......... (60 ml - 175 ml)	GRADUALLY to 10
1+ cup .... (235 ml +)	GRADUALLY to 8

Whipping Stages

Watch the cream closely during whipping. Because your KitchenAid® mixer whips so quickly, there are just a few seconds between whipping stages. Look for these characteristics:

Begins to Thicken
Cream is thick and custard-like.

Holds Its Shape
Cream forms soft peaks when wire whip is removed. Can be folded into other ingredients when making desserts and sauces.

Stiff
Cream stands in stiff, sharp peaks when wire whip is removed. Use for topping on cakes or desserts, or filling for cream puffs.

ATTACHMENTS AND ACCESSORIES

General Information

KitchenAid® attachments are designed to assure long life. The attachment power shaft and hub socket are of a square design, to eliminate any possibility of slipping during the transmission of power to the attachment. The hub and shaft housing are tapered to assure a snug fit, even after prolonged use and wear. KitchenAid® attachments require no extra power unit to operate them; the power unit is built in.

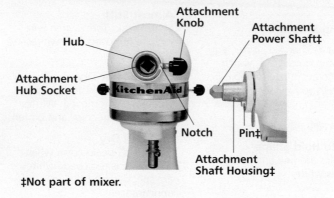

‡Not part of mixer.

GENERAL INSTRUCTIONS

To Attach

1. Turn the speed control to OFF.
2. Unplug mixer or disconnect power.
3. Loosen the attachment knob by turning it counterclockwise, and remove the attachment hub cover or flip up hinged hub cover.
4. Insert the attachment shaft housing into the attachment hub, making certain the attachment power shaft fits into the square attachment hub socket. It may be necessary to rotate the attachment back and forth. When the attachment is in proper position, the pin on the attachment will fit into the notch on the hub rim.
5. Tighten the attachment knob by turning it clockwise until the attachment is completely secured to mixer.

⚠WARNING

Electrical Shock Hazard

Plug into a grounded 3 prong outlet.

Do not remove ground prong.

Do not use an adapter.

Do not use an extension cord.

Failure to follow these instructions can result in death, fire, or electrical shock.

---

6. Plug into a grounded 3 prong outlet.

To Remove

1. Turn the speed control to OFF.
2. Unplug mixer or disconnect power.
3. Loosen the attachment knob by turning it counterclockwise. Rotate the attachment slightly back and forth while pulling it out.
4. Replace the attachment hub cover. Tighten attachment knob by turning it clockwise.

PREUVE D'ACHAT ET
ENREGISTREMENT DU PRODUIT

Veuillez conserver une copie du coupon de caisse indiquant la date d'achat de votre batteur sur socle. La preuve d'achat vous assure du service d'après-vente sous garantie.

Avant d'utiliser votre batteur sur socle, veuillez remplir et poster la carte d'enregistrement du produit accompagnant l'appareil.

Grâce à cette carte, nous pourrons vous appeler dans l'éventualité improbable d'un avis de sécurité et nous conformer plus facilement aux dispositions de la loi sur la sécurité des produits de consommation. Cette carte ne confirme pas votre garantie.

Veuillez remplir ce qui suit pour vos dossiers personnels :

Numéro de modèle _____

Numéro de série _____

Date d'achat _____

Nom du marchand et adresse _____

Votre sécurité et celle des autres est très importante.

Nous donnons de nombreux messages de sécurité importants dans ce manuel et sur votre appareil ménager. Assurez-vous de toujours lire tous les messages de sécurité et de vous y conformer.

 Voici le symbole d'alerte de sécurité.

Ce symbole d'alerte de sécurité vous signale les dangers potentiels de décès et de blessures graves à vous et à d'autres.

Tous les messages de sécurité suivront le symbole d'alerte de sécurité et le mot "DANGER" ou "AVERTISSEMENT". Ces mots signifient :

⚠ DANGER

Risque possible de décès ou de blessure grave si vousne suivez pas <u>immédiatement</u> les instructions.

⚠ AVERTISSEMENT

Risque possible de décès ou de blessure grave si vous ne suivez pas les instructions.

Tous les messages de sécurité vous diront quel est le danger potentiel et vous disent comment réduire le risque de blessure et ce qui peut se produire en cas de non-respect des instructions.

CONSIGNES DE SÉCURITÉ IMPORTANTES

Lors de l'utilisation d'appareils électriques, des précautions élémentaires de sécurité devraient toujours être observées, incluant les suivantes :

1. Lisez toutes les instructions.
2. Pour éviter tout risque d'électrocution, ne mettez pas le batteur sur socle dans l'eau ni dans tout autre liquide.
3. Il est indispensable d'exercer une surveillance étroite lors de l'emploi à proximité d'enfants de cet appareil ou de tout autre appareil électroménager.
4. Débranchez le batteur sur socle lorsque vous ne l'utilisez pas, avant d'y ajouter des pièces ou d'en enlever et avant de le nettoyer.

FRANÇAIS

5. Évitez tout contact avec les pièces en mouvement. Tenez les mains, cheveux, vêtements ainsi que les spatules et autres ustensiles à l'écart du batteur lorsqu'il fonctionne afin de réduire le risque de blessures ou de détériorations du batteur.

6. N'utilisez pas le batteur sur socle si le cordon ou la fiche sont endommagés, s'ils présentent un défaut de fonctionnement, s'ils sont tombés ou s'ils ont été endommagés de quelque manière que ce soit. Retournez l'appareil au centre de réparation autorisé le plus proche pour le faire inspecter ou réparer, ou pour effectuer un réglage électrique ou mécanique. Pour de plus amples renseignements, téléphonez au Centre de satisfaction de la clientèle de KitchenAid, au numéro 1 800 541 6390.

7. L'utilisation d'accessoires non recommandés ou non vendus par KitchenAid peut causer un incendie, une électrocution ou des blessures.

8. N'utilisez pas le batteur sur socle à l'extérieur.

9. Ne laissez pas le cordon prendre du bord de la table ou du comptoir.

10. Enlevez le fouet plat, le fouet fin ou le crochet pétrisseur avant de laver le batteur sur socle.

11. Ce produit est conçu pour un usage domestique seulement.

CONSERVEZ CES INSTRUCTIONS

CONTRAINTES ÉLECTRIQUES

Tension : 120 volts c.a. seulement.
Fréquence : 60 Hz

La puissance nominale du batteur sur socle est imprimée sur une étiquette se trouvant sous le socle. Elle apparaît également sur la bande de garnissage.

Si le cordon fourni est trop court, demandez à un électricien ou à un technicien compétent d'installer une prise de courant près de l'appareil.

⚠ AVERTISSEMENT

Risque de choc électrique

Brancher sur une prise à 3 alvéoles reliée à la terre.

Ne pas enlever la broche de liaison à la terre.

Ne pas utiliser un adaptateur.

Ne pas utiliser un câble de rallonge.

Le non-respect de ces instructions peut causer un décès, un incendie ou un choc électrique.

GARANTIE DU BATTEUR SUR SOCLE KITCHENAID®

Durée de la garantie :	KitchenAid prendra en charge :	KitchenAid ne prendra pas en charge :
50 États des États-Unis, le district fédéral de Columbia, le Canada et Puerto Rico : Garantie limitée d'un an à compter de la date d'achat.	**50 États des États-Unis, district fédéral de Columbia et Canada :** Garantie de remplacement d'un an sans difficulté de votre batteur sur socle. Consultez la page suivante pour obtenir des détails sur la façon de remplacer le batteur sur socle. OU **À Puerto Rico :** Les coûts des pièces de rechange et de main-d'œuvre pour corriger les défauts de matériaux et de main-d'œuvre. Le service après-vente doit être assuré par un centre de réparation autorisé KitchenAid. Pour obtenir une réparation, suivez les directives de la page 25.	A. Les réparations découlant de l'utilisation du batteur sur socle dans un contexte autre qu'un foyer unifamilial normal. B. Les dommages attribuables aux causes suivantes : un accident, une modification, la mauvaise utilisation, un emploi abusif ou une utilisation non approuvée par KitchenAid. C. Les coûts des pièces de rechange ou de main-d'oeuvre pour le batteur sur socle si ce dernier est utilisé à l'extérieur du pays d'achat.

DÉSAVEU DE GARANTIE TACITE, LIMITATION DES RECOURS LES GARANTIES TACITES, Y COMPRIS DANS LA MESURE APPLICABLE LES GARANTIES DE QUALITÉ MARCHANDE OU D'APTITUDE À UN EMPLOI PARTICULIER, SONT EXCLUES DANS LA MESURE AUTORISÉE PAR LA LOI. TOUTE GARANTIE TACITE IMPOSÉE PAR LA LOI EST LIMITÉE À UN AN, OU LA DURÉE MINIMUM PERMISE PAR LA LOI. PUISQUE CERTAINES JURIDICTIONS NE PERMETTENT PAS L'EXCLUSION OU LA LIMITATION DE DURÉE DES GARANTIES IMPLICITES DE QUALITÉ MARCHANDE OU D'APTITUDE À UN EMPLOI PARTICULIER, LES LIMITATIONS CI-DESSUS PEUVENT DONC NE PAS S'APPLIQUER À VOUS.

SI CET APPAREIL NE FONCTIONNE PAS COMME GARANTI, LE SEUL ET EXCLUSIF RECOURS DES CLIENTS EST LA RÉPARATION OU LE REMPLACEMENT SELON LES DISPOSITIONS DE LA GARANTIE LIMITÉE. KITCHENAID ET KITCHENAID-CANADA N'ASSUMENT AUCUNE RESPONSABILITÉ EN CAS DE DOMMAGES ACCESSOIRES OU INDIRECTS. Cette garantie vous confère des droits spécifiques auxquels peuvent s'ajouter d'autres droits variant d'un État ou d'une province à l'autre.

GARANTIE DE SATISFACTION TOTALE ET DE REMPLACEMENT - 50 ÉTATS DES ÉTATS-UNIS, DISTRICT FÉDÉRAL DE COLUMBIA

Nous sommes tellement certains que la qualité de nos produits satisfait aux normes exigeantes de KitchenAid que, si le batteur sur socle cesse de fonctionner au cours de la première année, KitchenAid livrera gratuitement un appareil identique ou comparable à votre porte et s'occupera de récupérer le batteur sur socle originel. L'appareil de rechange sera aussi couvert par notre garantie limitée d'un an. Veuillez suivre ces instructions pour recevoir ce service de qualité.

Si le batteur sur socle KitchenAid® cesse de fonctionner au cours de la première année, il suffit d'appeler le numéro sans frais 1 800 541 6390 du Centre de satisfaction de la clientèle du lundi au vendredi de 8 h à 20 h (heure de l'Est) ou le samedi de 10 h à 17 h. Fournissez votre adresse de livraison complète au représentant. (Pas de boîte postale).

Quand vous recevez le batteur sur socle, veuillez utiliser le carton et les matériaux d'emballage pour emballer le batteur sur socle originel. Écrivez vos nom et adresse sur une feuille de papier et mettez-la dans le carton avec une copie de la preuve d'achat (reçu de caisse, facture de règlement par carte de crédit, etc.).

GARANTIE DE SATISFACTION TOTALE ET DE REMPLACEMENT - CANADA

Nous sommes tellement certains que la qualité de nos produits satisfait aux normes exigeantes de KitchenAid® que, si le batteur sur socle cesse de fonctionner au cours de la première année, KitchenAid le remplacera par un batteur sur socle identique ou comparable. L'appareil de rechange sera aussi couvert par notre garantie limitée d'un an. Veuillez suivre ces instructions pour recevoir ce service de qualité.

Si le batteur sur socle KitchenAid® cesse de fonctionner au cours de la première année, apportez-le ou retournez-le port dû à un centre de réparation KitchenAid autorisé. Écrivez votre nom et adresse complète sur une feuille de papier et mettez-la dans le carton avec une copie de la preuve d'achat (reçu de caisse, facture de règlement par carte de crédit, etc.) Le batteur sur socle sera expédié port prépayé et assuré. Si le service ne s'avère pas satisfaisant, appelez le numéro sans frais du Centre de relations avec la clientèle : 1 800 807 6777. Ou écrivez à :

Centre de relations avec la clientèle
KitchenAid Canada
1901 Minnesota Court
Mississauga, ON L5N 3A7

COMMENT OBTENIR UNE RÉPARATION SOUS GARANTIE À PUERTO RICO

Le batteur sur socle KitchenAid® est couvert par une garantie limitée d'un an à partir de la date d'achat. KitchenAid prendra en charge les coûts des pièces de rechange et de main-d'œuvre pour corriger les défauts de matériaux et de main-d'œuvre. Le service après-vente doit être assuré par un centre de réparation autorisé KitchenAid.

Apportez le batteur sur socle ou retournez-le port payé et assuré à un centre de réparation autorisé de KitchenAid. Le batteur sur socle réparé sera expédié port prépayé et assuré. S'il est impossible d'obtenir des réparations satisfaisantes de cette manière, appelez le numéro sans frais 1 800 541 6390 pour obtenir l'adresse d'un centre de réparation près de chez vous.

COMMENT OBTENIR UNE RÉPARATION HORS GARANTIE – TOUS LES TERRITOIRES

Avant d'appeler pour faire réparer, consultez la section Dépannage de la page 27.

Pour obtenir de l'information sur les réparations dans les 50 États des États-Unis, le district fédéral de Columbia et Puerto Rico, appelez le numéro sans frais 1 800 541 6390.

Ou écrivez à :
Centre de satisfaction de la clientèle
KitchenAid Portable Appliances
P.O. Box 218
St. Joseph, MI 49085-0218

Ou contactez un centre de réparation autorisé près de chez vous.

Pour obtenir de l'information sur les réparations au Canada, appelez le numéro sans frais 1 800 807 6777.

Ou écrivez à :
Centre de relations avec la clientèle
KitchenAid Canada
1901 Minnesota Court
Mississauga, ON L5N 3A7

COMMENT OBTENIR UNE RÉPARATION EN DEHORS DE CES TERRITOIRES

Demandez à votre distributeur local KitchenAid ou au détaillant où le batteur sur socle a été acheté où le faire réparer.

Pour obtenir de l'information sur les réparations au Mexique, appelez le numéro sans frais
01-800-024-17-17
(JV Distribuciones)

ou

01-800-902-31-00
(Industrias Birtman)

COMMENT COMMANDER DES ACCESSOIRES ET DES PIÈCES DE RECHANGE

Pour commander des accessoires ou des pièces de rechange pour le batteur sur socle dans les 50 États des États-Unis, dans le district fédéral de Columbia et à Puerto-Rico, appelez sans frais le 1 800 541 6390 du lundi au vendredi, de 8 h à 20 h (heure de l'Est), le samedi de 10 h à 17 h.

Ou écrivez à :
Centre de satisfaction de la clientèle
KitchenAid Portable Appliances
P.O. Box 218
St. Joseph, MI 49085-0218

Pour commander des accessoires ou des pièces de rechange pour le batteur sur socle au Canada, appelez sans frais le 1 800 807 6777.

Ou écrivez à :
Centre de relations avec la clientèle
KitchenAid Canada
1901 Minnesota Court
Mississauga, ON L5N 3A7

Pour commander des accessoires ou des pièces de rechange pour le batteur sur socle au Mexique, appelez sans frais le 01-800-024-17-17
(JV Distribuciones)
ou
01-800-902-31-00
(Industrias Birtman)

Veuillez lire les directives suivantes avant de téléphoner au centre de réparation.

1. Le batteur sur socle peut se réchauffer durant l'utilisation. Dans le cas de charges importantes et d'une durée de mélange prolongée, il est possible que vous ne puissiez pas toucher facilement le dessus de l'appareil. Ceci est normal.

2. Le batteur sur socle peut dégager une odeur désagréable, particulièrement s'il est neuf. Cela se produit couramment avec les moteurs électriques.

3. Si le fouet plat frappe le bol, éteignez le batteur sur socle. Consultez la section « Jeu entre le fouet et le bol », page 34.

Veuillez conserver une copie du coupon de caisse indiquant la date d'achat de votre batteur. La preuve d'achat vous assure du service d'après-vente sous garantie.

Si le batteur sur socle fonctionne mal ou pas du tout, vérifiez les points suivants :

- Le batteur est-il branché?
- Le fusible du circuit relié au batteur sur socle est-il en état de marche? Si vous avez un disjoncteur, assurez-vous que le circuit est fermé.

- Débranchez le batteur sur socle et attendez 10 à 15 secondes, puis remettez-le en fonction. Si le batteur ne fonctionne pas, laissez-le refroidir pendant 30 minutes avant de le rebrancher.

Si le problème ne peut pas être résolu en suivant les étapes fournies dans cette section, veuillez communiquer avec KitchenAid ou un centre de réparation autorisé :

États-Unis/Puerto Rico :
1-800-541-6390,
Canada : 1 800 807 6777
Mexique : 01-800-024-17-17
(JV Distribuciones)
ou
01-800-902-31-00
(Industrias Birtman)

Consultez la section Garantie et réparations des produits KitchenAid de la page 23 pour obtenir plus de détails. Ne retournez pas le batteur chez le détaillant, car celui-ci n'offre pas de service de réparation.

FRANÇAIS

CARACTÉRISTIQUES DU BATTEUR SUR SOCLE À TÊTE INCLINABLE

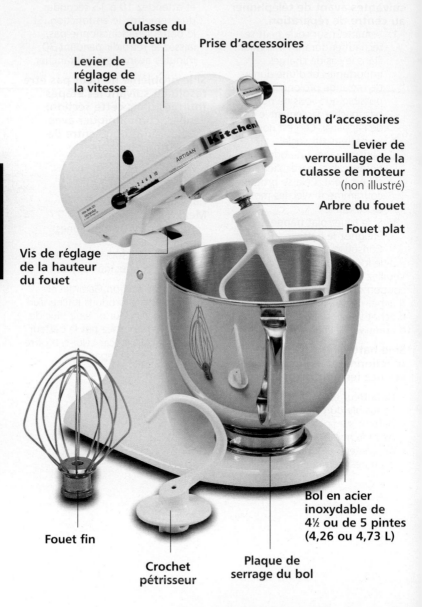

Culasse du moteur

Prise d'accessoires

Levier de réglage de la vitesse

Bouton d'accessoires

Levier de verrouillage de la culasse de moteur
(non illustré)

Arbre du fouet

Fouet plat

Vis de réglage de la hauteur du fouet

Fouet fin

Crochet pétrisseur

Plaque de serrage du bol

Bol en acier inoxydable de 4½ ou de 5 pintes (4,26 ou 4,73 L)

REMARQUE : Cette photo illustre le batteur sur socle série Artisan®. Les caractéristiques de votre modèle de batteur peuvent différer légèrement.

ASSEMBLAGE DU BATTEUR SUR SOCLE À TÊTE INCLINABLE

Off
(ARRÊT)   On

⚠ AVERTISSEMENT

Risque de choc électrique

Brancher sur une prise à 3 alvéoles reliée à la terre.

Ne pas enlever la broche de liaison à la terre.

Ne pas utiliser un adaptateur.

Ne pas utiliser un câble de rallonge.

Le non-respect de ces instructions peut causer un décès, un incendie ou un choc électrique.

Pour fixer le bol

1. Tournez le levier de réglage de la vitesse à la position OFF (ARRÊT).
2. Débranchez le batteur sur socle ou coupez le courant.
3. Faites basculer la culasse de moteur.
4. Placez le bol sur la plaque de serrage du bol.
5. Tournez doucement le bol dans le sens des aiguilles d'une montre.
6. Brancher sur une prise à 3 alvéoles reliée à la terre.

Pour retirer le bol

1. Tournez le levier de réglage de la vitesse à la position OFF (ARRÊT).
2. Débranchez le batteur sur socle ou coupez le courant.
3. Faites basculer la culasse de moteur.
4. Tournez le bol dans le sens contraire des aiguilles d'une montre.

Pour fixer le fouet plat, le fouet fin ou le crochet pétrisseur

1. Tournez le levier de réglage de la vitesse à la position OFF (ARRÊT).
2. Débranchez le batteur sur socle ou coupez le courant.
3. Faites basculer la culasse de moteur.
4. Faites glisser le fouet sur l'arbre du fouet et enfoncez-le le plus loin possible en poussant vers le haut.
5. Accrochez le fouet sur l'ergot situé sur l'arbre. Pour ce faire, tournez le fouet à droite.
6. Brancher sur une prise à 3 alvéoles reliée à la terre.

Ergot

Pour enlever le fouet plat, le fouet fin ou le crochet pétrisseur

1. Tournez le levier de réglage de la vitesse à la position OFF (ARRÊT).
2. Débranchez le batteur sur socle ou coupez le courant.
3. Faites basculer la culasse de moteur.
4. Poussez le fouet vers le haut, le plus loin possible, puis tournez-le vers la gauche.
5. Retirez le fouet de l'arbre.

ASSEMBLAGE DU BATTEUR SUR SOCLE À TÊTE INCLINABLE

Guide de réglage de la vitesse

Le levier de réglage de la vitesse doit toujours être au plus bas pour le démarrage, puis augmenté progressivement à la vitesse supérieure recherchée afin d'éviter les éclaboussures des ingrédients hors du bol. Reportez-vous à la page 35 pour consulter le Guide de réglage de la vitesse.

Réglage de la vitesse

Pour verrouiller la culasse du moteur

1. Assurez-vous que la culasse du moteur est complètement abaissée.
2. Mettez le levier de verrouillage à la position LOCK (verrouiller).
3. Avant d'utiliser le batteur, vérifiez le verrouillage en essayant de soulever la culasse.

Déverrouiller

Verrouiller

Pour déverrouiller la culasse du moteur

1. Mettez le levier de verrouillage à la position UNLOCK (déverrouiller).

REMARQUE : La culasse de moteur doit toujours être verrouillée lorsque vous utilisez le batteur.

Pour fixer l'écran verseur

1. Tournez le levier de réglage de la vitesse à la position OFF (ARRÊT).
2. Débranchez le batteur sur socle ou coupez le courant.
3. Fixez le fouet plat, le crochet pétrisseur ou le fouet fin et le bol (reportez-vous à la page 29).
4. De l'avant du batteur, faites glisser l'écran verseur sur le bol jusqu'à ce que l'écran soit centré. Le rebord inférieur de l'écran doit s'ajuster dans le bol.

Goulotte du bol

Pour enlever l'écran verseur

1. Tournez le levier de réglage de la vitesse à la position OFF (ARRÊT).
2. Débranchez le batteur sur socle ou coupez le courant.
3. Soulevez l'avant de l'écran verseur du rebord du bol et tirez vers l'avant.
4. Enlevez l'accessoire et le bol.

Pour utiliser l'écran verseur

1. Pour de meilleurs résultats, tournez l'écran de manière à ce que la culasse de moteur couvre l'espace en « U » dans l'écran. La goulotte se trouve directement à droite de la prise d'accessoires quand vous vous trouvez face au batteur.
2. Versez les ingrédients dans le bol par la goulotte.

FRANÇAIS

* Si l'écran verseur est inclus.

UTILISATION DES ACCESSOIRES KITCHENAID®

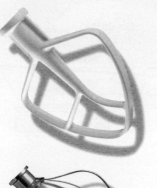

Fouet plat pour préparations standard à épaisses :

gâteaux	biscuits
glaçages à la crème	pains éclairs
bonbons	pains de viande
biscuits	pommes de terre en purée
pâte à tarte	

Fouet fin pour les préparations dans lesquelles il faut incorporer de l'air :

œufs	gâteaux éponges
blancs d'œufs	gâteaux des anges
crème épaisse	mayonnaise
glaçages bouillis	certains bonbons

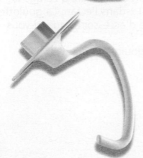

Crochet pétrisseur pour mélanger et pétrir des pâtes à levure :

pains	brioches
petits pains mollets	petits pains au lait

DURÉE DE MÉLANGE

Le batteur sur socle KitchenAid® mélange plus rapidement et de manière plus homogène que la plupart des autres batteurs électriques. Par conséquent, la durée de mélange indiquée dans la plupart des recettes traditionnelles ou ne provenant pas d'un emballage doivent être modifiées pour éviter un fouettement excessif. Par exemple, dans le cas des gâteaux, la durée de fouettement peut être 2 fois plus courte que celle requise pour les autres batteurs.

FRANÇAIS

UTILISATION DU BATTEUR SUR SOCLE À TÊTE INCLINABLE

⚠️ AVERTISSEMENT

Risque de blessure

Débrancher le batteur avant de toucher aux fouets.

Le non-respect de cette instruction peut entraîner des fractures d'os, des coupures ou des bleus.

REMARQUE : Ne raclez pas le bol lorsque le batteur sur socle fonctionne.

Le bol et le batteur sont conçus pour assurer une homogénéité du mélange sans raclage fréquent. Habituellement, il suffit de racler le bol une ou deux fois durant le mélange. Éteignez l'appareil avant de racler les parois.

Le batteur sur socle peut se réchauffer durant l'utilisation. Dans le cas de charges importantes et d'une durée de mélange prolongée, il est possible que vous ne puissiez pas toucher facilement le dessus de l'appareil. Ceci est normal.

ENTRETIEN ET NETTOYAGE

Le bol, le fouet plat blanc et le crochet pétrisseur blanc peuvent être lavés au lave-vaisselle. Vous pouvez aussi les nettoyer soigneusement à l'eau savonneuse chaude, puis les rincer complètement avant de les faire sécher. Le fouet fin doit être lavé à la main, puis séché immédiatement. Ne mettez pas le fouet fin au lave-vaisselle. Ne rangez pas l'appareil si les fouets sont sur l'arbre.

REMARQUE : Assurez-vous toujours de débrancher le batteur sur socle avant de le nettoyer. Essuyez le batteur sur socle à l'aide d'un chiffon doux et humide. N'utilisez pas de produits nettoyants à usage domestique ou commercial. N'immergez pas l'appareil dans l'eau. Essuyez fréquemment l'arbre du fouet pour enlever tout résidu pouvant s'accumuler.

JEU ENTRE LE FOUET ET LE BOL

Votre batteur sur socle est réglé en usine de manière à ce que le jeu entre le fouet plat et le fond du bol soit minimal. Si pour quelque raison que ce soit le fouet plat heurte le fond du bol ou que l'espace entre le fouet et le fond du bol est trop important, le jeu peut être corrigé de la façon suivante :

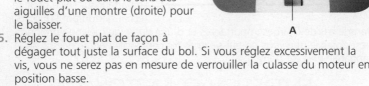

1. Tournez le levier de réglage de la vitesse à la position OFF (ARRÊT).
2. Débranchez le batteur sur socle ou coupez le courant.
3. Faites basculer la culasse de moteur.
4. Tournez LÉGÈREMENT la vis (A) dans le sens contraire des aiguilles d'une montre (gauche) pour monter le fouet plat ou dans le sens des aiguilles d'une montre (droite) pour le baisser.
5. Réglez le fouet plat de façon à dégager tout juste la surface du bol. Si vous réglez excessivement la vis, vous ne serez pas en mesure de verrouiller la culasse du moteur en position basse.

REMARQUE : Réglé adéquatement, le fouet plat ne heurtera pas le fond ni les parois du bol. Si le fouet plat ou le fouet fin est mal réglé et qu'il heurte le fond du bol, le revêtement du fouet plat peut disparaître ou les fils du fouet peuvent s'user.

GUIDE DE RÉGLAGE DE LA VITESSE

Nombre de vitesse	Vitesse de brassage	
STIR	BRASSAGE	Pour un brassage, un travail, un empâtage ou un démarrage lent de toutes les procédures de mélange. Utilisez cette vitesse pour ajouter de la farine et des ingrédients secs à une pâte, ajouter des liquides à des ingrédients secs, et mélanger des préparations épaisses. Utilisez avec l'accessoire servant à faire de la crème glacée.
2	MÉLANGE LENT	Pour le mélange lent, l'empâtage et le brassage rapide. Utilisez cette vitesse pour mélanger les pâtes épaisses et les bonbons, commencer à réduire les pommes de terre et autres légumes en purée, incorporer les matières grasses dans la farine, mélanger les pâtes claires ou qui éclaboussent, et mélanger et pétrir la pâte à levure. Utilisez avec l'ouvre-boîte.
4	MÉLANGE, BATTAGE	Pour mélanger les pâtes semi-épaisses comme celle des biscuits. Utilisez cette vitesse pour travailler le sucre et les matières grasses et ajouter le sucre aux blancs d'œuf pour les meringues. Vitesse moyenne pour les mélanges à gâteaux. Utilisez avec les accessoires suivants : broyeur d'aliments, dispositif rotatif à trancher/ déchiqueter et tamis à fruits et à légumes.
6	BATTAGE, CRÉMAGE	Pour un battage à vitesse moyenne élevée (crémage) ou le fouettage. Utilisez pour finir les mélanges à gâteaux, la pâte à beignets et autres pâtes. Vitesse moyenne pour les mélanges à gâteaux. Utilisez avec le presse-agrumes.
8	BATTAGE RAPIDE, FOUETTAGE	Pour fouetter la crème, les blancs d'oeufs, et les glaçages bouillis.
10	FOUETTAGE RAPIDE	Pour fouetter de petites quantités de crème ou de blancs d'oeufs. Utilisez cette vitesse avec l'accessoire pour faire des pâtes et le moulin à grains.

REMARQUE : La vitesse élevée ne sera pas maintenue dans le cas de charges importantes comme c'est le cas lorsque l'accessoire pour faire les pâtes ou le moulin à grains est utilisé. Ceci est normal.

REMARQUE : Le levier de réglage de la vitesse peut être réglé entre les vitesses indiquées dans le tableau ci-dessus pour obtenir les vitesses 3, 5, 7 et 9 si un réglage plus précis est nécessaire.

N'excédez pas la deuxième vitesse lorsque vous préparez des pâtes à levure. Cela peut endommager le batteur.

FRANÇAIS

CONSEILS DE MÉLANGE

Adaptez votre recette au batteur

Les directives de mélange pour les recettes figurant dans ce manuel peuvent vous guider dans l'adaptation de vos recettes favorites pour la préparation au batteur sur socle KitchenAid®. Cherchez des recettes similaires aux vôtres, puis adaptez-les pour suivre les méthodes mentionnées dans les recettes similaires de KitchenAid.

Par exemple, la méthode « mélange rapide » (quelquefois appelée méthode « versage ») convient parfaitement pour les gâteaux simples comme le gâteau jaune rapide et le gâteau blanc facile dont les recettes figurent dans le présent manuel. Cette méthode demande de travailler les aliments secs avec tous ou presque tous les ingrédients liquides en une étape.

Les gâteaux plus élaborés, comme les tortes, doivent être préparés à l'aide de la méthode de mélange traditionnelle. Cette méthode vous permet de bien mélanger (crémer) le sucre et la matière grasse, le beurre ou la margarine, avant l'ajout d'autres ingrédients.

Pour tous les gâteaux, la durée de mélange peut différer parce que le batteur sur socle KitchenAid® travaille plus rapidement que les autres. En général, le mélange d'une pâte à gâteau avec le batteur sur socle KitchenAid® prendra deux fois moins de temps que la durée indiquée dans la plupart des recettes à gâteaux traditionnelle ou ne provenant pas d'un emballage.

Pour trouver la durée de mélange idéale, observez la pâte ou la préparation et mélangez seulement jusqu'à obtenir l'apparence recherchée décrite dans votre recette, par exemple une apparence « lisse et crémeuse ».

Pour sélectionner la vitesse de mélange idéale, utilisez le Guide de réglage de la vitesse à la page 35.

Ajout des ingrédients

Ajoutez toujours les ingrédients aussi près que possible des parois du bol et non directement dans la zone du fouet en mouvement. Vous pouvez utilisez l'écran verseur pour simplifier l'ajout des ingrédients.

REMARQUE : Si les ingrédients qui se trouvent dans le fond du bol ne sont pas bien mélangés, cela signifie que le fouet n'est pas suffisamment près du fond du bol. Consultez la section « Jeu entre le fouet et le bol » à la page 34.

Mélanges à gâteaux

Lorsque vous préparez des mélanges à gâteaux du commerce, utilisez la 2e vitesse comme basse vitesse, la 4e vitesse comme vitesse moyenne et la 6e vitesse comme vitesse élevée. Pour obtenir de meilleurs résultats, mélangez la pâte selon le temps indiqué sur l'emballage.

Ajout de noix, de raisins ou de fruits confits

Suivez chaque recette pour connaître les directives sur l'ajout de ces ingrédients. En général, les matières solides doivent être incorporées au cours des dernières secondes de mélange à la vitesse d'agitation. La pâte doit être suffisamment épaisse pour que les fruits ou les noix ne tombent pas au fond du moule durant la cuisson. Les fruits collants doivent être saupoudrés de farine afin qu'ils soient mieux répartis dans la pâte.

Mélanges liquides

Les mélanges renfermant de grandes quantités d'ingrédients liquides doivent être mélangés à basse vitesse pour éviter les éclaboussures. Augmentez la vitesse seulement lorsque la mélange a épaissi.

BLANCS D'OEUFS

Placez les blancs d'œufs à température ambiante dans un bol sec et propre. Fixez le bol et le fouet fin. Pour éviter les éclaboussures, tournez graduellement le levier à la vitesse désignée et fouettez jusqu'à obtenir l'effet désiré. Consultez le tableau ci-dessous.

QUANTITÉ	VITESSE
1 blanc d'oeuf	GRADUELLEMENT à 10
2 blancs d'œufs et plus	GRADUELLEMENT à 8

Étapes de fouettage

Les blancs d'œufs sont fouettés rapidement grâce au batteur KitchenAid®. Soyez très attentif pour éviter tout fouettage excessif. La liste suivante vous indique à quoi vous attendre.

Mousseux
Grosses bulles d'air inégales.

Commence à garder sa forme
Les bulles d'air sont petites et compactes; le produit est blanc.

Pic souple
Les pics tombent lorsque le fouet est enlevé.

Presque ferme
Des pics bien nets se forment lorsque le fouet est enlevé, mais les blancs d'œufs sont souples.

Ferme sans être sec
Des pics fermes et nets se forment lorsque le fouet est enlevé. Les blancs d'œufs présentent une couleur et une brillance uniforme.

Ferme et sec
Des pics fermes et nets se forment lorsque le fouet est enlevé. Les blancs d'œufs présentent une apparence tachetée et matte.

CRÈME FOUETTÉE

Versez la crème à fouetter froide dans un bol refroidi. Fixez le bol et le fouet fin. Pour éviter les éclaboussures, tournez graduellement le levier à la vitesse désignée et fouettez jusqu'à obtenir l'effet désiré. Consultez le tableau ci-dessous.

QUANTITÉ	VITESSE
¼ - ¾ tasse (60 ml - 175 ml)	GRADUELLEMENT à 10
tasse et + (235 ml +)	GRADUELLEMENT à 8

Étapes de fouettage
Surveillez la crème de près durant le fouettage. Le batteur KitchenAid® fouette si rapidement que seules quelques secondes séparent les étapes de fouettage. Regardez si les caractéristiques suivantes sont présentes :

Commence à épaissir
La crème est épaisse et ressemble à une crème anglaise.

Garde sa forme
La crème forme des pics souples lorsque le fouet est enlevé. Dans le cas des desserts et des sauces, la crème peut être incorporée à d'autres ingrédients.

Ferme
La crème présente des pics fermes et nets lorsque le fouet fin est enlevé. Utilisez la crème pour napper des gâteaux ou d'autres desserts, ou pour fourrer des choux à la crème.

Renseignements généraux

Les accessoires KitchenAid® sont conçus pour assurer une longue vie utile. L'arbre de commande d'accessoires et la douille de prise d'accessoires sont carrés afin d'éliminer toute possibilité de glissement durant la transmission de puissance à l'accessoire. Les logements de la prise d'accessoires et de l'arbre sont effilés afin d'assurer un ajustement serré même après une utilisation et une usure prolongées. Les accessoires KitchenAid® ne requièrent pas aucune unité de puissance supplémentaire pour les faire fonctionner; car l'unité est intégrée.

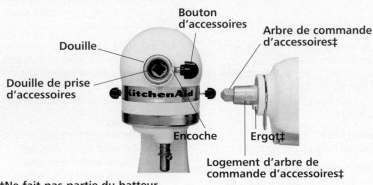

Bouton d'accessoires

Arbre de commande d'accessoires‡

Douille

Douille de prise d'accessoires

Encoche

Ergot‡

Logement d'arbre de commande d'accessoires‡

‡Ne fait pas partie du batteur.

DIRECTIVES GÉNÉRALES

Pour fixer

1. Tournez le levier de réglage de la vitesse à la position OFF (ARRÊT).
2. Débranchez le batteur ou coupez le courant.
3. Desserrez le bouton d'accessoires en le tournant dans le sens contraire des aiguilles d'une montre, et retirez le couvercle de prise d'accessoires ou faites-le basculer.
4. Insérez le logement d'arbre de commande d'accessoires dans la prise d'accessoires, en vous assurant que l'arbre de commande d'accessoires s'emboîte dans la douille carrée de la prise d'accessoires. Il peut être nécessaire de faire tourner l'accessoire d'avant en arrière. Si l'accessoire est bien placé, l'ergot situé sur l'accessoire s'emboîte dans l'encoche sur le rebord de la prise.
5. Serrez le bouton d'accessoires en le tournant dans le sens des aiguilles d'une montre jusqu'à ce que l'accessoire soit complètement assujetti au batteur.

⚠**AVERTISSEMENT**

Risque de choc électrique

Brancher sur une prise à 3 alvéoles reliée à la terre.

Ne pas enlever la broche de liaison à la terre.

Ne pas utiliser un adaptateur.

Ne pas utiliser un câble de rallonge.

Le non-respect de ces instructions peut causer un décès, un incendie ou un choc électrique.

6. Brancher sur une prise à 3 alvéoles reliée à la terre.

Pour enlever

1. Tournez le levier de réglage de la vitesse à la position OFF (ARRÊT).
2. Débranchez le batteur ou coupez le courant.
3. Desserrez le bouton d'accessoires en le tournant dans le sens contraire des aiguilles d'une montre. Tournez légèrement l'accessoire d'avant en arrière au moment de le retirer.
4. Replacez le couvercle de la prise d'accessoires. Serrez le bouton d'accessoires en le tournant dans le sens des aiguilles d'une montre.

COMPROBANTE DE COMPRA Y TARJETA DE REGISTRO DEL PRODUCTO

Siempre conserve una copia del recibo de ventas que especifique la fecha de compra de su batidora con base. El comprobante de compra le asegurará el servicio técnico bajo garantía.

Antes de utilizar su batidora con base, complete y envíe por correo su tarjeta de registro del producto incluida con la unidad.

Esta tarjeta nos permitirá comunicarnos con usted en el improbable caso de notificación de algún problema de seguridad con el producto y nos ayudará a cumplir con las cláusulas de la Consumer Product Safety Act (Ley sobre la seguridad de los productos para el consumidor). Esta tarjeta no asegura
su garantía.

Complete la siguiente información para su registro personal:
Número del modelo _____

Número de serie _____

Fecha de compra _____

Nombre de la tienda _____

Su seguridad y la seguridad de los demás es muy importante.

Hemos incluido muchos mensajes importantes de seguridad en este manual y en su electrodoméstico. Lea y obedezca siempre todos los mensajes de seguridad.

Este es el símbolo de advertencia de seguridad.

Este símbolo le llama la atención sobre peligros potenciales que pueden ocasionar la muerte o una lesión a usted y a los demás.

Todos los mensajes de seguridad irán a continuación del símbolo de advertencia de seguridad y de la palabra "PELIGRO" o "ADVERTENCIA". Estas palabras significan:

⚠ PELIGRO

Si no sigue las instrucciones de inmediato, usted puede morir o sufrir una lesión grave.

⚠ ADVERTENCIA

Si no sigue las instrucciones, usted puede morir o sufrir una lesión grave.

Todos los mensajes de seguridad le dirán el peligro potencial, le dirán cómo reducir las posibilidades de sufrir una lesión y lo que puede suceder si no se siguen las instrucciones.

MEDIDAS DE SEGURIDAD IMPORTANTES

Cuando utilice electrodomésticos, siempre se deben seguir las precauciones básicas de seguridad. Las instrucciones son las siguientes:

1. Lea todas las instrucciones.
2. Para protegerse del riesgo de descargas eléctricas, no coloque la batidora con base en agua ni en otro líquido.
3. Es necesario que supervise de cerca cuando algún electrodoméstico está siendo utilizado cerca de los niños o está siendo utilizado por éstos.
4. Desenchufe la batidora con base cuando no esté en uso, antes de colocarle o quitarle las piezas y antes de limpiarla.

ESPAÑOL

5. Evite el contacto con las piezas móviles. Para reducir los riesgos de lesiones a personas y/o de daños a la batidora, mantenga las manos, el cabello, la vestimenta, las espátulas y otros utensilios alejados de la batidora con base cuando ésta esté en funcionamiento.

6. No utilice la batidora con base con un cable o un enchufe dañado, luego de un mal funcionamiento ni si se ha caído o dañado de alguna forma. Devuelva el electrodoméstico al Centro de servicio técnico autorizado más cercano para su inspección, reparación o ajuste eléctrico o mecánico. Llame al Centro de satisfacción del cliente de KitchenAid al 1-800-541-6390 para obtener más información.

7. El uso de accesorios no recomendados o vendidos por KitchenAid puede provocar incendios, descargas eléctricas o lesiones.

8. No utilice la batidora con base en exteriores.

9. No deje que el cable cuelgue del borde de la mesa o mostrador.

10. Quite el batidor plano, el batidor de alambre o el gancho amasador de la batidora con base antes de lavarla.

11. Este producto está diseñado para ser utilizado sólo para uso doméstico.

GUARDE ESTAS INSTRUCCIONES
REQUISITOS ELÉCTRICOS

Voltios: Sólo C.A. de 120.
Hertz: 60

La potencia en vatios para su batidora con base está impresa en una etiqueta debajo de la base de la batidora. También se menciona en la banda decorativa.

Si el cable del suministro eléctrico es demasiado corto, solicite a un electricista o a un técnico calificado que instale un tomacorriente cerca del electrodoméstico.

⚠ADVERTENCIA

Peligro de Choque Eléctrico

Conecte a un contacto de pared de conexión a tierra de 3 terminales.

No quite la terminal de conexión a tierra.

No use un adaptador.

No use un cable eléctrico de extensión.

No seguir estas instrucciones puede ocasionar la muerte, incendio o choque eléctrico.

GARANTÍA DE LA
BATIDORA CON BASE KITCHENAID®

Duración de la garantía:	KitchenAid pagará por:	KitchenAid no pagará por:
50 estados de los Estados Unidos, el Distrito de Columbia, Canadá y Puerto Rico: Un año de garantía limitada a partir de la fecha de compra.	**50 estados de los Estados Unidos, el Distrito de Columbia y Canadá:** el reemplazo de su batidora con base sin dificultades. Consulte la siguiente página para obtener los detalles sobre cómo realizar el reemplazo. O **En Puerto Rico:** Los costos de los repuestos y del trabajo de reparación para corregir los defectos en los materiales y la mano de obra. El servicio técnico debe ser provisto por un Centro de servicio técnico de KitchenAid autorizado. Para solicitar un servicio técnico, siga las instrucciones de la página 45.	A. Las reparaciones cuando la batidora con base sea utilizada con otro fin que no sea el uso doméstico normal de una familia. B. Los daños como consecuencia de un accidente, alteración, mal uso, abuso o uso con productos no aprobados por KitchenAid. C. Los costos de repuestos o de mano de obra de reparación de la batidora con base cuando haya sido utilizada fuera del país en donde fue comprada.

LA EXENCIÓN DE RESPONSABILIDAD DE LAS GARANTÍAS IMPLÍCITAS; LAS GARANTÍAS IMPLÍCITAS DE LIMITACIÓN DE LOS RECURSOS, INCLUYENDO GARANTÍAS EN LA MEDIDA EN QUE SE APLIQUEN A LA COMERCIABILIDAD O APTITUD CON UN FIN DETERMINADO, SON EXCLUIDAS EN LA MEDIDA PERMITIDA POR LEY. CUALQUIER GARANTÍA IMPLÍCITA QUE PUEDA SER IMPUESTA POR LEY ESTÁ LIMITADA A UN AÑO O AL PERÍODO MÁS CORTO PERMITIDO POR LEY. ALGUNOS ESTADOS Y PROVINCIAS NO PERMITEN LIMITACIONES NI EXCLUSIONES EN RELACIÓN CON LA DURACIÓN DE UNA GARANTÍA IMPLÍCITA DE COMERCIABILIDAD O DE APTITUD, DE MANERA TAL QUE LAS LIMITACIONES O EXCLUSIONES ANTERIORES PUEDE QUE NO SE APLIQUEN EN SU CASO. SI ESTE PRODUCTO NO FUNCIONA SEGÚN SE GARANTIZA, EL ÚNICO Y EXCLUSIVO RECURSO DEL CLIENTE SERÁ LA REPARACIÓN O EL REEMPLAZO SEGÚN LOS TÉRMINOS Y LAS CONDICIONES DE ESTA GARANTÍA LIMITADA. KITCHENAID Y KITCHENAID CANADA NO ASUMEN NINGUNA RESPONSABILIDAD POR DAÑOS INCIDENTALES O CONSIGUIENTES. Esta garantía le otorga derechos legales específicos y es posible que usted goce de otros derechos que varían de estado en estado o de provincia en provincia.

GARANTÍA DE REEMPLAZO SIN DIFICULTADES EN LOS 50 ESTADOS DE LOS ESTADOS UNIDOS Y EN EL DISTRITO DE COLUMBIA

Confiamos tanto en que la calidad de nuestros productos cumple con las exigentes normas de KitchenAid, que si la batidora con base presentara alguna falla durante el primer año, le enviaremos un reemplazo sin cargo idéntico o comparable a su domicilio y arreglaremos la devolución de la batidora con base original. El reemplazo de su unidad también estará cubierto por nuestra garantía limitada de un año. Siga estas instrucciones para recibir este servicio de calidad.

Si su batidora con base KitchenAid® presentara alguna falla durante el primer año, simplemente llame gratis a nuestro Centro de satisfacción al cliente KitchenAid al 1-800-541-6390, de lunes a viernes de 8 a.m. a 8 p.m. (Hora del Este), o los sábados, de 10 a.m. a 5 p.m. Proporcione al asesor su dirección completa para el envío. (No se aceptan números de casillas postales). Cuando reciba la unidad de reemplazo de su batidora con base, utilice la caja y los materiales de embalaje para embalar la batidora con base original. En la caja, escriba su nombre y dirección en un papel junto con la copia del comprobante de compra (recibo de compra, ticket de la tarjeta de crédito, etc.).

GARANTÍA DE REEMPLAZO SIN DIFICULTADES EN CANADÁ

Confiamos tanto en que la calidad de nuestros productos cumple con las exigentes normas de KitchenAid® que, si su batidora con base presentara alguna falla durante el primer año, KitchenAid Canada la reemplazará por una idéntica o comparable. El reemplazo de su unidad también estará cubierto por nuestra garantía limitada de un año. Siga estas instrucciones para recibir este servicio de calidad.

Si su batidora con base KitchenAid® presentara alguna falla durante el primer año, lleve la batidora con base o mándela con envío a cobrar a un Centro de servicio técnico KitchenAid® autorizado.

En la caja, escriba su nombre y dirección postal en un papel junto con la copia el comprobante de compra (recibo de compra, ticket de la tarjeta de crédito, etc.) La batidora con base de reemplazo se le entregará de forma prepaga y asegurada. Si no queda satisfecho con el servicio, llame de manera gratuita a nuestro Centro de interacción con el cliente al 1-800-807-6777. O escríbanos a:

Customer Interaction Centre
KitchenAid Canada
1901 Minnesota Court
Mississauga, ON L5N 3A7

CÓMO OBTENER EL SERVICIO DE GARANTÍA EN PUERTO RICO

Su batidora con base KitchenAid® tiene garantía limitada de un año a partir de la fecha de compra.

KitchenAid pagará los repuestos y la mano de obra para corregir defectos en los materiales y en la mano de obra. El servicio técnico debe ser provisto por un Centro de servicio técnico de KitchenAid autorizado. Lleve la batidora con base o mándela con envío asegurado prepago a un Centro de servicio técnico de KitchenAid autorizado. La batidora con base reparada se le entregará de forma prepaga y asegurada. Si no queda satisfecho con el servicio, llame de manera gratuita al 1 800-541-6390 para averiguar la ubicación del Centro de servicio técnico más cercano.

CÓMO OBTENER EL SERVICIO DE GARANTÍA UNA VEZ QUE ÉSTA HAYA EXPIRADO – TODOS LOS LUGARES

Antes de llamar al servicio técnico, revise la sección de Solución de problemas en la página 47.

Para obtener información sobre el servicio técnico en los 50 estados de los Estados Unidos, el Distrito de Columbia y Puerto Rico, llame de manera gratuita al 1-800-541-6390.

O escriba a:
Customer Satisfaction Center
KitchenAid Portable Appliances
P.O. Box 218
St. Joseph, MI 49085-0218

O comuníquese con un Centro de servicio técnico autorizado cercano a su domicilio.

Para obtener información sobre el servicio técnico en Canadá, manera gratuita al 1-800-807-6777.

O escriba a:
Customer Interaction Centre
KitchenAid Canada
1901 Minnesota Court
Mississauga, ON L5N 3A7

CÓMO OBTENER EL SERVICIO TÉCNICO EN OTROS LUGARES

Consulte a su distribuidor de KitchenAid local o a la tienda donde compró la batidora con base para obtener información sobre el servicio técnico.

Para obtener información sobre el servicio técnico en México, llame de manera gratuita al 01-800-024-17-17 (JV Distribuciones)

O

01-800-902-31-00 (Industrias Birtman)

CÓMO REALIZAR UN PEDIDO DE ACCESORIOS Y REPUESTOS

Para solicitar accesorios o repuestos para su batidora con base en los 50 estados de los Estados Unidos, el Distrito de Columbia y Puerto Rico,
llame de manera gratuita al 1-800-541-6390, de lunes a viernes, de 8 a.m. a 8 p.m. (Hora del Este) o los sábados, de 10 a.m. a 5 p.m.

O escriba a:
Customer Satisfaction Center, KitchenAid Portable Appliances, P.O. Box 218, St. Joseph, MI 49085-0218

Para solicitar accesorios o repuestos para su batidora con base en Canadá,
llame de manera gratuita al 1-800-807-6777.

O escriba a:
Customer Interaction Centre KitchenAid Canada 1901 Minnesota Court Mississauga, ON L5N 3A7

Para solicitar accesorios o repuestos para su batidora con base en México,
llame de manera gratuita al 01-800-024-17-17 (JV Distribuciones) O 01-800-902-31-00 (Industrias Birtman)

SOLUCIÓN DE PROBLEMAS

Lea lo siguiente antes de llamar a su servicio técnico.

1. Es posible que la batidora con base se caliente durante su uso. Cuando la batidora funciona con cargas pesadas durante tiempos de mezclado prolongados, es posible que no pueda tocar de manera confortable la parte superior de la unidad. Esto es normal.

2. Es posible que la batidora con base emita un fuerte olor acre, especialmente cuando es nueva. Esto es común en los motores eléctricos.

3. Si el batidor plano choca con el bol, detenga la batidora con base. Consulte la sección "Distancia entre el batidor y el bol" en la página 54.

Conserve una copia del recibo de ventas que especifique la fecha de compra. El comprobante de compra le asegurará el servicio técnico bajo garantía.

Si su batidora con base falla o no funciona, verifique lo siguiente:

– ¿La batidora con base está enchufada?

– ¿El fusible del circuito de la batidora con base funciona bien? Si tiene una caja del interruptor de circuitos, asegúrese de que el circuito esté cerrado.

– Apague la batidora con base durante 10 ó 15 segundos y luego enciéndala nuevamente. Si la batidora continúa sin funcionar, déjela enfriar durante 30 minutos antes de encenderla nuevamente.

Si el problema no se resuelve con los pasos dados en esta sección, comuníquese con KitchenAid o con el Centro de servicio técnico autorizado:

EE.UU./Puerto Rico: 1-800-541-6390
Canadá: 1-800-807-6777
México: 01-800-024-17-17
(JV Distribuciones)
O
01-800-902-31-00
(Industrias Birtman)

Para obtener más detalles, consulte la sección de Garantía KitchenAid y servicio técnico en la página 43. No devuelva la batidora a la tienda donde la compró, ellos no brindan el servicio técnico.

ESPAÑOL

CARACTERÍSTICAS DE LA BATIDORA CON BASE CON CABEZAL DE INCLINACIÓN

Cabezal con motor

Perilla de control de la velocidad

Centro de conexión para accesorios

Perilla para accesorios

Palanca de ajuste del cabezal con motor
(no se muestra)

Eje del batidor

Batidor plano

Tornillo para ajustar la altura del batidor

Bol de acero inoxidable de 4,26 o 4,73 L (4½ o 5 cuartos de galón)

Batidor de alambre

Gancho amasador

Placa de sujeción del bol

NOTA: Esta foto muestra la batidora con base serie Artisan®. Es posible que las características de su modelo de batidora varíen ligeramente.

⚠️ADVERTENCIA

Peligro de Choque Eléctrico

Conecte a un contacto de pared de conexión a tierra de 3 terminales.

No quite la terminal de conexión a tierra.

No use un adaptador.

No use un cable eléctrico de extensión.

No seguir estas instrucciones puede ocasionar la muerte, incendio o choque eléctrico.

Off
(apagado)

On
(encendido)

Para colocar el bol

1. Haga girar la perilla de control de la velocidad hasta la posición OFF (apagado).
2. Desenchufe la batidora con base o desconecte la energía.
3. Incline el cabezal con motor hacia atrás.
4. Coloque el bol sobre la placa de sujeción.
5. Gire el bol suavemente hacia la derecha.
6. Conecte a un contacto de pared de conexión a tierra de 3 terminales.

ESPAÑOL

Para quitar el bol

1. Haga girar la perilla de control de la velocidad hasta la posición OFF (apagado).
2. Desenchufe la batidora con base o desconecte la energía.
3. Incline el cabezal con motor hacia atrás.
4. Gire el bol hacia la izquierda.

Para colocar el batidor plano, el batidor de alambre o el gancho amasador

1. Haga girar la perilla de control de la velocidad hasta la posición OFF (apagado).
2. Desenchufe la batidora con base o desconecte la energía.
3. Incline el cabezal con motor hacia atrás.
4. Deslice el batidor sobre el eje del batidor y presione hacia arriba tanto como sea posible.
5. Gire el batidor hacia la derecha y engánchelo en la clavija del eje.
6. Conecte a un contacto de pared de conexión a tierra de 3 terminales.

Clavija

CÓMO ENSAMBLAR SU BATIDORA CON BASE CON CABEZAL DE INCLINACIÓN

Para quitar el batidor plano, el batidor de alambre o el gancho amasador

1. Haga girar la perilla de control de la velocidad hasta la posición OFF (apagado).
2. Desenchufe la batidora con base o desconecte la energía.
3. Incline el cabezal con motor hacia atrás.
4. Presione el batidor hacia arriba tanto como sea posible y gírelo hacia la izquierda.
5. Saque el batidor del eje del batidor.

Para operar la perilla de control de la velocidad

La palanca de control de la velocidad siempre debe colocarse en la velocidad más baja para encenderse y luego, se debe mover gradualmente a la velocidad más alta deseada para evitar salpicaduras de los ingredientes fuera del bol. Consulte la página 55 para obtener más información sobre la Guía para el control de la velocidad.

Control de la velocidad

Para trabar el cabezal con motor

1. Asegúrese de que el cabezal con motor esté completamente abajo.
2. Coloque la palanca de ajuste en LOCK (trabar).
3. Antes de mezclar, pruebe si está trabado intentando elevar el cabezal.

Trabar   Destrabar
(LOCK)   (UNLOCK)

Para destrabar el cabezal con motor

1. Coloque la palanca de ajuste en UNLOCK (destrabar).

NOTA: Cuando se utiliza la batidora, el cabezal con motor siempre debe mantenerse en la posición LOCK (trabar).

CÓMO UTILIZAR SU PROTECTOR DE VERTIDO*

Para colocar el protector de vertido

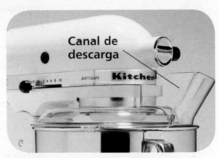

1. Haga girar la perilla de control de la velocidad hasta la posición OFF (apagado).
2. Desenchufe la batidora con base o desconecte la energía.
3. Coloque el batidor plano, el gancho amasador o el batidor de alambre y el bol (vea la página 49).
4. Desde el frente de la batidora, deslice el protector de vertido sobre el bol hasta que el protector quede centrado. El borde inferior del protector debe encajar dentro del bol.

Canal de descarga

Para quitar el protector de vertido

1. Haga girar la perilla de control de la velocidad hasta la posición OFF (apagado).
2. Desenchufe la batidora con base o desconecte la energía.
3. Levante la parte delantera del protector de vertido, aléjela del borde del bol y jale hacia adelante.
4. Quite el accesorio y el bol.

Para utilizar el protector de vertido

1. Para obtener los mejores resultados, gire el protector para que el cabezal con motor cubra la abertura en forma de "u" en el protector. Si usted se coloca de frente a la batidora, el vertedor estará a la derecha del centro de conexión para accesorios.
2. Vierta los ingredientes en el bol a través del vertedor.

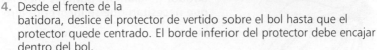

ESPAÑOL

* Si se incluye el protector de vertido.

CÓMO UTILIZAR SUS
ACCESORIOS KITCHENAID®

Batidor plano para mezclas de normales a espesas:

pasteles	galletas
glaseados con crema	panes rápidos
caramelos	pastel de carne
galletas dulces	puré de papas
masa para tartas	

Batidor de alambre para las mezclas que necesitan que se incorpore aire:

huevos	pasteles esponjosos
claras de huevo	pasteles de ángel
crema espesa	mayonesa
merengue italiano o cocido	algunos tipos de caramelos

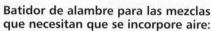

Gancho amasador para mezclar y amasar masas con levadura:

panes	pastel de café
panecillos	bollos

TIEMPO DE MEZCLADO

Su batidora con base KitchenAid® mezclará más rápidamente y mejor que la mayoría de las otras batidoras con base eléctricas. Por lo tanto, el tiempo de mezclado de la mayoría de las recetas tradicionales y de las que no vienen en los paquetes debe adaptarse para evitar batir más de lo necesario. En los pasteles, por ejemplo, el tiempo de batido es posible que sea la mitad que si se utilizan otras batidoras con base.

CARACTERÍSTICAS DE LA BATIDORA CON BASE CON CABEZAL DE INCLINACIÓN

> ## ⚠️ADVERTENCIA
>
> **Peligro de Lesiones**
>
> **Desenchufe la batidora antes de tocar los batidores.**
>
> **No seguir esta instrucción puede ocasionar fracturas de huesos, cortaduras o magulladuras.**

NOTA: No raspe el bol mientras la batidora con base está en funcionamiento.

El bol y el batidor están diseñados para mezclar exhaustivamente sin necesidad de raspar frecuentemente. El raspar el bol una o dos veces mientras se está mezclando es suficiente. Apague la unidad antes de raspar el bol.

Es posible que la batidora con base se caliente durante su uso. Cuando la batidora funciona con cargas pesadas durante tiempos de mezclado prolongados, es posible que no pueda tocar de manera confortable la parte superior de la unidad. Esto es normal.

CUIDADO Y LIMPIEZA

El bol, el batidor plano blanco y el gancho amasador blanco pueden lavarse en un lavaplatos automático. También pueden limpiarse bien en agua jabonosa caliente y luego enjuagarse antes de secarlos. El batidor de alambre debe lavarse a mano y secarse inmediatamente. No lave el batidor de alambre en un lavaplatos. No guarde los batidores colocados en el eje.

NOTA: Siempre asegúrese de desenchufar la batidora con base antes de limpiarla. Limpie la batidora con base con un trapo suave y húmedo. No utilice limpiadores de uso doméstico ni comerciales. No la sumerja en agua. Limpie el eje del batidor frecuentemente y quite todo residuo que se hubiera acumulado.

DISTANCIA ENTRE EL BATIDOR Y EL BOL

Su batidora con base se ajusta en la fábrica para que el batidor plano no toque el fondo del bol. Si por algún motivo el batidor plano choca con el fondo del bol o está muy lejos de éste, puede corregir el espacio fácilmente.

1. Haga girar la perilla de control de l a velocidad hasta la posición OFF (apagado).
2. Desenchufe la batidora con base o desconecte la energía.
3. Incline el cabezal con motor hacia atrás.
4. Gire el tornillo (A) LEVEMENTE en sentido antihorario (hacia la izquierda) para elevar el batidor plano o en sentido horario (hacia la derecha) para bajar el batidor plano.

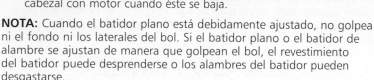

5. Ajuste para que el batidor plano no toque la superficie del bol. Si ajusta demasiado el tornillo, es posible que no pueda trabar el cabezal con motor cuando éste se baja.

NOTA: Cuando el batidor plano está debidamente ajustado, no golpea ni el fondo ni los laterales del bol. Si el batidor plano o el batidor de alambre se ajustan de manera que golpean el bol, el revestimiento del batidor puede desprenderse o los alambres del batidor pueden desgastarse.

GUÍA PARA EL CONTROL DE LA VELOCIDAD

Número de velocidades	Velocidad de mezclado	
	REVOLVER	Para revolver lentamente, ligar, hacer puré, iniciar todos los procesos de mezcla. Utilice para añadir harina e ingredientes secos a las mezclas, añadir líquidos a ingredientes secos y ligar mezclas espesas. Utilice con el accesorio para hacer helados.
2	MEZCLAR LENTAMENTE	Para mezclar lentamente, hacer puré, revolver más rápidamente. Utilice para mezclar mezclas espesas y caramelos, para comenzar a hacer puré de papas o de otras verduras, para desmenuzar la materia grasa en la harina, para mezclar mezclas poco espesas y líquidas que salpican fácilmente y para mezclar y amasar masas con levadura. Utilice con el accesorio abridor de latas.
4	MEZCLAR, BATIR	Para mezclar mezclas semiespesas como por ejemplo galletas dulces. Utilice para ligar azúcar y materia grasa y para añadir azúcar a las claras de huevo para hacer merengues. Velocidad media para mezclas para pasteles. Utilice con: Triturador de alimentos, rebanador/desmenuzador con rotor y colador de frutas y verduras.
6	BATIR, HACER CREMAS	Para batir a velocidad media rápida (para hacer cremas). Utilice para finalizar las mezclas para pasteles, donas y otras mezclas. Velocidad alta para mezclas para pasteles. Utilice con el accesorio exprimidor de cítricos.
8	BATIR O MEZCLAR RÁPIDAMENTE	Para batir crema, claras de huevos y merengues italianos o cocidos.
10	MEZCLAR RÁPIDAMENTE	Para mezclar rápidamente pequeñas cantidades de crema o claras de huevos. Utilice con el accesorio para hacer pastas y el molinillo para café.

NOTA: Es posible que la batidora no mantenga las velocidades rápidas con cargas pesadas, por ejemplo, cuando se utiliza el accesorio para hacer pastas y el molinillo para café. Esto es normal.

NOTA: La palanca de control de la velocidad puede ubicarse entre las velocidades que se mencionan en el cuadro anterior para obtener las velocidades 3, 5 , 7 y 9 en caso que sea necesario un ajuste más sutil. No exceda la velocidad 2 cuando prepare masas con levadura. Si lo hace puede dañar la batidora.

Cómo convertir su receta para la batidora

Las instrucciones de mezclado para las recetas de este libro pueden guiarlo para convertir sus recetas favoritas y así poder prepararlas con su batidora con base KitchenAid®. Busque recetas similares a las suyas y luego, adapte sus recetas para utilizarlas con los procedimientos de las recetas de KitchenAid. Por ejemplo, el método de "mezclado rápido" es ideal para pasteles simples como el pastel amarillo rápido y el pastel blanco fácil que se incluyen en este libro. Este método consiste en ligar los ingredientes secos con la mayoría o todos los ingredientes líquidos en un solo paso.

Los pasteles más elaborados (con crema y frutos) deben prepararse utilizando el método tradicional de mezclado para pasteles. Con este método, el azúcar y la materia grasa, la mantequilla o margarina se mezclan bien (adquieren una consistencia cremosa) antes de que se añadan otros ingredientes.

Es posible que los tiempos de batido cambien para todos los pasteles ya que su batidora con base KitchenAid® funciona más rápido que otras batidoras. En general, mezclar un pastel con la batidora con base KitchenAid® llevará aproximadamente la mitad del tiempo que se requiere para la mayoría de las recetas de tradicionales y de las que no vienen en los paquetes.

Para determinar el tiempo de mezclado ideal, observe la mezcla o la masa y mezcle sólo hasta que adquiera el aspecto deseado que se describe en su receta, como por ejemplo "homogénea y cremosa".

Para seleccionar las mejores velocidades de mezclado, utilice la Guía para el control de la velocidad de la página 55.

Cómo añadir ingredientes

Siempre añada los ingredientes lo más cerca del lateral del bol como sea posible, no directamente en el batidor en movimiento. El protector de vertido puede utilizarse para añadir los ingredientes de manera más fácil.

NOTA: Si los ingredientes del fondo del bol no se mezclan bien es porque la distancia entre el batidor y el bol no es la adecuada. Consulte la sección "Distancia entre el batidor y el bol" en la página 54.

Mezclas para pasteles

Cuando prepara mezclas para pasteles que vienen en los paquetes, utilice la velocidad 2 para una velocidad baja, la velocidad 4 para una velocidad media y la velocidad 6 para una velocidad alta. Para obtener los mejores resultados, mezcle durante el tiempo especificado en las instrucciones del paquete.

Cómo añadir nueces, uvas pasas o frutas confitadas

Para las pautas sobre cómo añadir estos ingredientes, siga cada receta en particular. En general, los materiales sólidos deben incorporarse en los últimos segundos del mezclado a velocidad "revolver". La mezcla debe ser lo suficientemente espesa como para evitar que las frutas secas o confitadas se depositen en el fondo del molde durante el horneado. Las frutas pegajosas deben espolvorearse con harina para que se distribuyan mejor en la mezcla.

Mezclas líquidas

Las mezclas que contienen grandes cantidades de ingredientes líquidos deben mezclarse a velocidades más lentas para evitar salpicaduras. Incremente la velocidad sólo después de que la mezcla se haya espesado.

ESPAÑOL

CLARAS DE HUEVO

Coloque las claras a temperatura ambiente en un bol limpio y seco. Coloque el bol y el batidor de alambre. Para evitar salpicaduras, gire gradualmente hasta la velocidad designada y bata hasta obtener el punto deseado. Vea el siguiente cuadro.

CANTIDAD	VELOCIDAD
1 clara de huevo	GRADUALMENTE hasta 10
2+ claras de huevo	GRADUALMENTE hasta 8

Puntos de batido
Con su batidora KitchenAid®, las claras de huevo se baten rápidamente. Por lo tanto, tenga cuidado para no batir más de lo necesario. Esta lista le indica qué esperar.

Espumoso
Burbujas de aire grandes y disparejas.

Comienza a tomar forma
Las burbujas de aire son sutiles y compactas. El producto es blanco.

Pico Suave
Las puntas de los picos caen cuando se quita el batidor de alambre.

Casi rígido
Cuando se quita el batidor de alambre, se forman picos puntiagudos, pero las claras están suaves.

Rígido pero no seco
Cuando se quita el batidor de alambre, se forman picos puntiagudos y rígidos. Las claras tienen color y brillo uniformes.

Rígido y seco
Cuando se quita el batidor de alambre, se forman picos puntiagudos y rígidos. Aparentemente, las claras tienen pequeñas manchitas y son opacas.

CREMA BATIDA

Vierta crema batida fría en un bol frío. Coloque el bol y el batidor de alambre. Para evitar salpicaduras, gire gradualmente hasta la velocidad designada y bata hasta obtener el punto deseado. Vea el siguiente cuadro.

CANTIDAD	VELOCIDAD
¼ - ¾ de taza (60 ml - 175 ml)	GRADUALMENTE hasta 10
1+ tazas (235 ml +)	GRADUALMENTE hasta 8

Puntos de batido
Observe la crema con atención mientras bate. Debido a que su batidora KitchenAid® bate tan rápido, sólo hay unos pocos segundos entre los puntos de batido. Busque estas características:

Comienza a espesarse
La crema es espesa y tiene la consistencia de la natilla.

Conserva su forma
Cuando se quita el batidor, la crema forma picos suaves. Puede incorporarse a otros ingredientes cuando se hacen postres y salsas.

Rígido
Cuando se quita el batidor de alambre, la crema forma picos rígidos y puntiagudos. Utilice como cobertura para tortas y postres, como relleno para bombas de crema.

Información general

Los accesorios KitchenAid® están diseñados para garantizar una larga vida útil. El eje de potencia y el conector del centro de conexión para accesorios son cuadrados para evitar que se resbalen durante la transmisión de energía al accesorio. La cubierta del eje y del centro de conexión es estrecha para garantizar un encaje ceñido, aún luego de un uso y desgaste prolongado. Los accesorios KitchenAid® no precisan una unidad de potencia adicional para funcionar ya que poseen una incorporada.

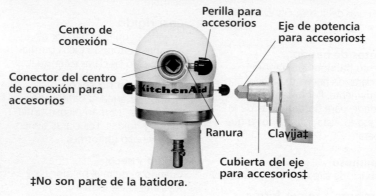

Perilla para accesorios

Centro de conexión

Eje de potencia para accesorios‡

Conector del centro de conexión para accesorios

Ranura

Clavija‡

Cubierta del eje para accesorios‡

‡No son parte de la batidora.

Para conectar

1. Haga girar la perilla de control de la velocidad hasta la posición OFF (apagado).
2. Desenchufe la batidora o desconecte la energía.
3. Afloje la perilla para accesorios girándola a la izquierda y quite o levante la cubierta abisagrada del centro de conexión para accesorios.
4. Inserte la cubierta del eje para accesorios en el centro de conexión para accesorios asegurándose de que el eje de potencia para accesorios encaje en el conector del centro de conexión cuadrado. Es posible que sea necesario girar el accesorio hacia atrás y hacia adelante. Cuando el accesorio se encuentre en la posición adecuada, la clavija del accesorio encajará en la ranura que se encuentra sobre el borde del centro de conexión.
5. Ajuste la perilla para accesorios girándola en sentido horario hasta que el accesorio esté completamente afirmado en la batidora.

⚠️**ADVERTENCIA**

Peligro de Choque Eléctrico

Conecte a un contacto de pared de conexión a tierra de 3 terminales.

No quite la terminal de conexlón a tierra.

No use un adaptador.

No use un cable eléctrico de extensión.

No seguir estas instrucciones puede ocasionar la muerte, incendio o choque eléctrico.

6. Conecte a un contacto de pared de conexión a tierra de 3 terminales.

Para quitar

1. Haga girar la perilla de control de la velocidad hasta la posición OFF (apagado).
2. Desenchufe la batidora o desconecte la energía.
3. Afloje la perilla para accesorios girándola a la izquierda. Gire el accesorio levemente hacia atrás y hacia adelante mientras que jala hacia afuera.
4. Vuelva a colocar la cubierta del centro de conexión para accesorios. Ajuste la perilla para accesorios girándola a la derecha.

ESPAÑOL

MUSHROOM-ONION TARTLETS

YIELD: 24 TARTLETS

4 ounces light cream cheese

3 tablespoons butter or margarine, divided

¾ cup plus 1 teaspoon all-purpose flour

8 ounces fresh mushrooms, coarsely chopped

½ cup chopped green onions

1 egg

¼ teaspoon dried thyme leaves

½ cup shredded Swiss cheese

Place cream cheese and 2 tablespoons butter in mixer bowl. Attach bowl and flat beater to mixer. Turn to Speed 4 and beat about 1 minute. Stop and scrape bowl. Add ¾ cup flour. Turn to Speed 2 and mix about 1 minute, or until well blended. Form mixture into ball. Wrap in waxed paper and chill 1 hour. Clean mixer bowl and beater.

Divide chilled dough into 24 pieces. Press each piece into miniature muffin cup (greased, if desired).

Meanwhile, melt remaining 1 tablespoon butter in 10-inch skillet over medium heat. Add mushrooms and onions. Cook and stir until tender. Remove from heat. Cool slightly.

Place egg, remaining 1 tablespoon flour, and thyme in mixer bowl. Attach bowl and flat beater to mixer. Turn to Speed 6 and beat about 30 seconds. Stir in cheese and cooled mushroom mixture. Spoon into pastry-lined muffin cups. Bake at 375°F for 15 to 20 minutes, or until egg mixture is puffed and golden brown. Serve warm.

PER SERVING: (2 TARTLETS) ABOUT 98 CAL, 4 G PRO, 8 G CARB, 6 G FAT, 33 MG CHOL, 83 MG SOD

PAM® EASY CHEESY MINI-MEATLOAVES

YIELD: 6 SERVINGS

- 2 cups HUNT'S® Ketchup
- 2 tablespoons GULDEN'S® Spicy Brown Mustard
- 2 tablespoons brown sugar
- 2 pounds lean ground beef
- 2 large eggs, beaten

- 1 package (about 1 ounce) dry onion soup mix
- 1 cup plain dry bread crumbs
- 1 cup shredded sharp Cheddar cheese
  PAM® Original No-Stick Cooking Spray

Place **Hunt's®** Ketchup, **Gulden's®** Mustard, and brown sugar in mixer bowl. Attach bowl and flat beater to mixer. Turn to Speed 2 and mix until brown sugar dissolves, about 30 seconds. Remove 1 cup sauce and set aside.

Add remaining ingredients to mixer bowl. Turn to Speed 2 and mix until well combined, about 1 minute. Divide into six equal portions (about 1 cup mixture each) and shape into 5×2½×1-inch loaves. Place loaves in 13×9×2-inch baking pan generously coated with **PAM®** Cooking Spray. Bake at 375°F oven for 40 minutes. Remove from oven and top each loaf with about 2½ tablespoons of reserved ketchup mixture. Return loaves to oven and bake an additional 10 minutes. Let rest 5 minutes before serving.

PER SERVING: ABOUT 529 CAL, 42 G PRO, 40 G CARB, 23 G FAT, 146 MG CHOL, 1589 MG SOD

FOR THE WAY IT'S MADE.™

PAM CINNAMON-BLUEBERRY MUFFINS

YIELD: 18 MUFFINS

½ cup **EGG BEATERS®** Egg Product

1½ cups fat-free milk

½ cup (1 stick) plus
1 tablespoon margarine,
melted, divided

3 cups all-purpose flour

1 cup plus 2 tablespoons sugar,
divided

2 tablespoons baking powder

1 teaspoon grated lemon peel

2 cups blueberries (fresh or
frozen), rinsed, drained

PAM® for Baking Spray

¼ teaspoon ground cinnamon

Combine **Egg Beaters®**, milk, and ½ cup melted margarine in mixer bowl. Attach bowl and flat beater to mixer. Turn to Speed 4 and mix until well combined, about 30 seconds. Combine flour, 1 cup sugar, baking powder, and lemon peel, and add to bowl. Mix on Speed 2 just until combined, about 15 seconds. Add blueberries and mix on Stir Speed mixing just until blueberries are incorporated, about 15 seconds.

Spoon into 18 (2½-inch) muffin cups generously coated with **PAM®** For Baking Spray. Bake at 400°F for 24 to 26 minutes or until wooden pick inserted near centers comes out clean.

Combine remaining 2 tablespoons sugar with cinnamon in small bowl; blend well. Brush tops of warm muffins with remaining 1 tablespoon margarine, then sprinkle with cinnamon sugar mixture. Serve warm.

PER SERVING: ABOUT 202 CAL, 4 G PRO, 32 G CARB, 7 G FAT, 1 MG CHOL, 73 MG SOD

PAM POPPY SEED DINNER ROLLS

YIELD: 24 ROLLS

2	envelopes quick-rising dry yeast
⅓	cup plus ¼ teaspoon sugar, divided
1	cup warm water (105°F to 115°F)
⅔	cup whole milk, room temperature
¼	cup canola oil
1	egg

1	tablespoon poppy seeds
2½	teaspoons salt
5⅓	cups all-purpose flour, divided
1	cup (2 sticks) chilled unsalted butter, cut into thin slices
	PAM® Original No-Stick Cooking Spray
3	tablespoons unsalted butter, melted
	Poppy seeds

Dissolve yeast and ¼ teaspoon sugar in warm water in warmed mixer bowl. Let stand until mixture is slightly foamy. Attach bowl and dough hook to mixer. Turn to Speed 2 and add milk, oil, egg, remaining ⅓ cup sugar, 1 tablespoon poppy seeds, and salt. Mix until well combined, about 30 seconds. Continuing on Speed 2 gradually add 1 cup flour to batter and mix until smooth, about 1 minute. Stop and scrape bowl.

Combine 4 cups flour and chilled butter in food processor; process until mixture resembles coarse meal. Add to batter in mixer bowl. Turn to Speed 2 and mix until dry ingredients are incorporated. Knead on Speed 2 until smooth, about 2 minutes longer, adding up to ⅓-cup flour more if dough remains sticky. Remove bowl from mixer. Cover with towels and let rise in warm place 30 minutes or until dough nearly doubles in size.

Coat 2 (12-cup) muffin tins with **PAM®** Cooking Spray.

Turn dough onto floured surface; knead about 4 minutes until dough is smooth and elastic. Divide dough into 4 equal portions. Place 1 portion on floured surface; cover and refrigerate remaining portions. Roll out to 12×12×⅛-inch rectangle. Cut lengthwise into six 2-inch strips. Stack strips to form six layers. Cut stack into six equal portions, each about 2 inches square. Place each stack on edge, cut side down, in prepared muffin cup. Repeat with remaining dough sections. Cover with a towel; let rise in a warm place for 30 minutes or until nearly doubled in size.

Brush tops of rolls with melted butter and sprinkle with poppy seeds. Bake at 350°F for 25 minutes in top third of oven, trading pan positions halfway through. Cool in pans 7 to 10 minutes, then remove to wire rack. Serve warm.

PER SERVING: ABOUT 223 CAL, 4 G PRO, 25 G CARB, 12 G FAT, 34 MG CHOL, 230 MG SOD

SMUCKER'S GOOD AND FRUITY MUFFINS

YIELD: 12 MUFFINS

1 cup uncooked old-fashioned or quick oats	⅛ teaspoon ground cloves
½ cup PILLSBURY BEST® All-Purpose Flour	¼ cup CRISCO® Vegetable Oil*
	1 egg
½ cup PILLSBURY® Whole Wheat Flour	1⅓ cups SMUCKER'S® Low-Sugar or Sugar-Free Apricot Preserves, divided
1 cup dark brown sugar, firmly packed	
1 tablespoon baking powder	½ cup dried mixed fruit bits (apples, apricots, dates)
2 teaspoons ground cinnamon	1 cup mashed ripe banana (about 2 medium bananas)
¼ teaspoon salt	

*Or use your favorite Crisco Oil

Preheat oven to 400°F. Line 12 medium muffin cups with foil or paper liners; set aside.

Combine oats, **Pillsbury BEST** All-Purpose Flour, **Pillsbury** Whole Wheat Flour, brown sugar, baking powder, cinnamon, salt, cloves, and **Crisco** Oil in mixer bowl. Attach bowl and flat beater to mixer. Turn to Stir Speed and mix until coarse crumbs form. Stop mixer and add egg, 1 cup **Smucker's** Preserves, dried fruits, and banana. Gradually turn to Speed 2 and mix just until blended. Fill muffin cups almost full. Bake for 20 to 25 minutes or until toothpick inserted in center comes out clean; cool.

Heat remaining ⅓ cup **Smucker's** Preserves in microwave on HIGH for 20 seconds; spread on top of cooled muffins.

PER SERVING: ABOUT 230 CAL, 3 G PRO, 48 G CARB, 6 G FAT, 18 MG CHOL, 192 MG SOD

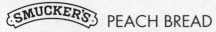 PEACH BREAD

YIELD: 18 SERVINGS (6 SLICES PER LOAF)

- ⅓ CRISCO® Stick or ⅓ cup CRISCO Shortening, plus more to coat pans
- 1½ cups PILLSBURY BEST® All-Purpose Flour, plus more to dust pans
- ¾ teaspoon salt
- ½ teaspoon baking soda
- ½ teaspoon ground cinnamon
- ½ teaspoon grated nutmeg
- ½ cup sugar
- 1 jar (12 ounces) SMUCKER'S® Peach Preserves, divided
- ½ teaspoon almond extract
- ½ cup buttermilk
- 2 eggs

Preheat oven to 350°F. Coat three 5¾×3×2-inch mini-loaf pans with **Crisco** Shortening; dust with **Pillsbury BEST** Flour; set aside.

Combine 1½ cups **Pillsbury BEST** Flour, salt, baking soda, cinnamon, and nutmeg in medium bowl; set aside. Combine sugar and ⅓ cup **Crisco** Shortening in mixer bowl. Attach bowl and flat beater to mixer. Turn to Speed 6 and beat until fluffy, about 2 minutes. Stop and scrape bowl.

Reserve 3 tablespoons **Smucker's** Preserves in small microwave-safe bowl; set aside. Add remaining **Smucker's** Preserves, almond extract, and buttermilk to mixer bowl. Turn to Speed 2 and mix about 2 minutes. Continuing on Speed 2, add eggs one at a time, mixing about 15 seconds after each addition. Stop and scrape bowl. Turn to Stir Speed and gradually add flour mixture, mixing until well combined, about 1 minute.

Divide batter among prepared pans. Bake for 30 to 35 minutes or until toothpicks inserted into centers come out clean. Cool in pans for 10 minutes; turn out onto cooling racks.

Heat reserved **Smucker's** Preserves in microwave on HIGH for 20 seconds; spread on tops of cooled breads.

PER SERVING: ABOUT 146 CAL, 2 G PRO, 25 G CARB, 4 G FAT, 24 MG CHOL, 147 MG SOD

Jif STRAWBERRIES AND PEANUT BUTTER CREAM CAKE ROLL

YIELD: 10 SERVINGS

CAKE

- ¼ cup powdered sugar
  CRISCO® Shortening
- 1 cup PILLSBURY BEST®
  All-Purpose Flour
- 1 teaspoon baking powder
- ¼ teaspoon salt
- 4 eggs
- 1 cup granulated sugar
- ¼ cup water
- 1 teaspoon vanilla extract

PEANUT BUTTER CREAM FILLING

- 1 package (8 ounces) cream
  cheese, softened
- 1 cup powdered sugar
- ⅓ cup JIF® Extra Crunchy
  Peanut Butter
- ½ teaspoon almond extract
- 1 cup SMUCKER'S® Low-Sugar
  Strawberry Fruit Spread,
  divided
  Powdered sugar

Preheat oven to 375°F. Sift ¼ cup powdered sugar over clean large, thin kitchen towel. Coat a 15×10×1-inch jelly roll pan with **Crisco** Shortening. Line pan with waxed paper and coat paper with **Crisco** Shortening. Sift together **Pillsbury BEST** Flour, baking powder, and salt; set aside.

Place eggs in mixer bowl. Attach bowl and wire whip to mixer. Turn to Speed 8 and beat eggs until light and lemon-colored. Reduce to Stir Speed. Gradually add granulated sugar, water, vanilla, and sifted flour mixture; stop and scrape bowl. Turn to Speed 6 and beat one minute more. Pour batter into prepared pan.

Bake for 9 to 11 minutes or until toothpick inserted in center comes out clean. Immediately loosen edges of cake from sides of pan and turn over onto prepared towel. Carefully remove waxed paper. Roll the cake from one narrow end to the other. Cool on wire rack 30 to 40 minutes.

To make **Peanut Butter Cream Filling,** combine cream cheese, 1 cup powdered sugar, **Jif** Peanut Butter, and almond extract in mixer bowl. Attach bowl and flat beater to mixer. Turn to Stir Speed and mix until powdered sugar is incorporated. Turn to Speed 4 and beat until smooth. Unroll cake; spread **Peanut Butter Cream** evenly to edges of cake. Reserve 2 tablespoons of **Smucker's** Fruit Spread in a resealable plastic bag for garnish; spread remaining **Smucker's** Fruit Spread over **Peanut Butter Cream.** Re-roll cake; wrap in plastic wrap and refrigerate several hours before serving. Before serving, sprinkle cake with powdered sugar. Microwave reserved fruit spread on HIGH for 10 seconds; drizzle over powdered sugar.

PER SERVING: ABOUT 420 CAL, 8 G PRO, 67 G CARB, 14 G FAT, 110 MG CHOL, 237 MG SOD

SMUCKER'S STRAWBERRY CREAM CHEESE BUTTER CRUMB CAKE

YIELD: 12 SERVINGS

Nonstick cooking spray
2¼ cups PILLSBURY BEST® All-Purpose Flour
1 cup sugar, divided
¾ cup (1½ sticks) unsalted butter or margarine, cut into small cubes and brought to room temperature
½ teaspoon baking powder
½ teaspoon baking soda
¼ teaspoon salt

¾ cup sour cream
2 eggs, divided
1 teaspoon almond extract
1 package (8 ounces) cream cheese, softened
½ teaspoon grated lemon peel
½ teaspoon vanilla
1 jar (18 ounces) SMUCKER'S® Strawberry Jam
½ cup sliced almonds

Preheat oven to 350°F. Coat bottom and sides of 10-inch springform pan with cooking spray; set aside.

Combine **Pillsbury BEST** Flour, ¾ cup sugar, and butter in mixer bowl. Attach bowl and flat beater to mixer. Turn to Speed 2 and mix until coarse crumbs form, about 8 minutes. Remove 1 cup crumb mixture from mixer bowl and reserve. To remaining crumb mixture, add baking powder, baking soda, salt, sour cream, 1 egg, and almond extract. Turn to Speed 4 and mix 2 minutes. Stop and scrape bowl; mix one minute more.

Coat back of tablespoon with cooking spray and use it to spread batter over bottom and 1 inch up side of prepared pan. Evenly spray top of batter in the bottom of the pan with a light coating of cooking spray.

Combine cream cheese, remaining ¼ cup sugar, remaining egg, lemon peel, and vanilla in mixer bowl. Attach bowl and flat beater to mixer. Turn to Speed 4 and beat until smooth, stopping once to scrape bowl. Spread over batter in pan.

Spoon **Smucker's** Jam over cream cheese mixture. Combine reserved crumb mixture and almonds; sprinkle over jam.

Bake for 65 to 75 minutes or until cream cheese filling is set and crust is deep golden brown. Cool for 15 minutes. Serve warm or cool.

PER SERVING: ABOUT 500 CAL, 7 G PRO, 64 G CARB, 25 G FAT, 94 MG CHOL, 197 MG SOD

PET FRUITY COCONUT COFFEECAKES
THE DAIRY GOODNESS PEOPLE

YIELD: 16 SERVINGS (TWO 8-INCH CAKES)

CAKE

CRISCO® Shortening

2 cups PILLSBURY BEST® All-Purpose Flour

1 teaspoon baking powder

½ teaspoon baking soda

¼ teaspoon salt

1 package (8 ounces) cream cheese, softened

½ cup (1 stick) unsalted butter, softened

1¼ cups sugar

2 eggs

¼ cup PET® Evaporated Milk

1 teaspoon vanilla

1 jar (12 ounces) SMUCKER'S® Peach, Pineapple or Apricot Preserves

TOPPING

⅔ cup sugar

⅔ cup PET Evaporated Milk

¼ cup (½ stick) butter or margarine

1 egg, slightly beaten

1¼ cups sweetened flaked coconut

⅔ cup chopped pecans

1 teaspoon vanilla

Preheat oven to 350°F. Coat 2 (8-inch) cake pans with **Crisco** Shortening. Combine **Pillsbury BEST** Flour, baking powder, baking soda, and salt in a medium bowl; set aside.

Place cream cheese, butter, and sugar in mixer bowl. Attach bowl and flat beater to mixer. Turn to Speed 4 and beat until mixture is light and fluffy. Stop and scrape bowl. Turn to Stir Speed; add eggs one at a time. Stop and scrape bowl. Add ¼ cup **PET** Evaporated Milk and vanilla to bowl. Turn to Stir Speed; gradually add dry ingredients to bowl. Stop and scrape bowl. Turn to Speed 4 and beat just until moistened.

Divide half the batter between prepared cake pans and spread to edges. Spread 6 ounces (½ jar) of **Smucker's** Preserves on batter in each pan. Divide remaining batter between pans, spreading over Smucker's Preserves. Bake for 35 to 40 minutes or until golden brown. Cool in pans on wire racks.

Meanwhile prepare **Topping.** Combine sugar, ⅔ cup **PET** Evaporated Milk, butter, and egg in a 2-quart saucepan over medium heat. Cook, stirring constantly, until mixture thickens and begins to bubble. Remove from heat. Stir in coconut, pecans, and vanilla. Spread over cooled cakes, dividing mixture evenly. Broil 4 inches from heat for 1 to 2 minutes or until golden brown.

PER SERVING: ABOUT 402 CAL, 5 G PRO, 52 G CARB, 20 G FAT, 83 MG CHOL, 199 MG SOD.

PET® PUMPKIN ROLL WITH VANILLA CREAM FILLING AND CARAMEL GLAZE
THE DAIRY GOODNESS PEOPLE

YIELD: 10 SERVINGS

CAKE
CRISCO® Shortening
¼ cup powdered sugar
1 cup PILLSBURY BEST® All-Purpose Flour
2 teaspoons pumpkin pie spice
½ teaspoon baking powder
½ teaspoon baking soda
4 eggs
¾ cup granulated sugar
1 cup solid-pack pumpkin

FILLING
⅔ cup PET® Evaporated Milk

3 cups powdered sugar
⅔ CRISCO Stick or ⅔ cup CRISCO Shortening
½ cup (1 stick) cold unsalted butter
1 tablespoon vanilla
Pinch of salt
1½ teaspoons pumpkin pie spice (optional)

TOPPING
SMUCKER'S® Caramel Sundae Syrup
¼ cup sliced almonds, toasted*

Preheat oven to 375°F. Sift powdered sugar over large clean thin kitchen towel. Coat 15×10×1-inch jelly roll pan with **Crisco** Shortening; line with waxed paper and coat paper with **Crisco** Shortening. Combine **Pillsbury BEST** Flour, pumpkin pie spice, baking powder, and baking soda in small bowl.

Place eggs in mixer bowl. Attach bowl and wire whip to mixer. Turn to Speed 6, beating eggs until thick. Gradually add sugar and pumpkin. Stop and scrape bowl. Continuing on Stir Speed, gradually add flour mixture and mix until incorporated. Turn to Speed 6 and beat 1 minute more. Spread batter evenly in prepared pan.

Bake for 9 to 12 minutes or until toothpick inserted in center comes out clean. Immediately loosen edges of cake from sides of pan and turn over onto prepared towel. Carefully remove waxed paper. Roll the cake from one narrow end to the other. Cool on wire rack for 30 to 40 minutes.

Meanwhile place all **Filling** ingredients in mixer bowl. Attach bowl and wire whip to mixer. Turn to Stir Speed and mix until powdered sugar is incorporated. Turn to Speed 8 and whip Filling until thick and fluffy, about 10 to 12 minutes. Unroll cake; spread filling evenly to edges of cake. Re-roll cake; wrap in plastic wrap and refrigerate several hours before serving.

To serve, drizzle cake with **Smucker's** Syrup and sprinkle with toasted almonds. Serve slices with additional **Smucker's** Syrup.

To toast almonds, cook in dry nonstick skillet over medium heat until light brown, constantly shaking pan.

PER SERVING: ABOUT 549 CAL, 6 G PRO, 69 G CARB, 28 G FAT, 115 MG CHOL, 137 MG SOD.

Jif PEANUT BUTTER COFFEE CAKE

YIELD: MAKES 16 SERVINGS

1½ cups packed brown sugar, divided

2½ cups PILLSBURY BEST® All-Purpose Flour, divided

¾ cup JIF® Creamy Peanut Butter, divided

2 tablespoons butter or margarine, melted

2 teaspoons baking powder

½ teaspoon salt

½ teaspoon baking soda

¼ CRISCO® Stick or ¼ cup CRISCO Shortening

2 eggs

1 cup milk

Preheat oven to 375°F. Mix ½ cup brown sugar, ½ cup **Pillsbury BEST** Flour, ¼ cup **Jif** Peanut Butter, and melted butter until crumbly; set aside.

Stir together remaining 2 cups **Pillsbury BEST** Flour, baking powder, baking soda, and salt in a separate bowl; set aside.

Place remaining ½ cup **Jif** Peanut Butter and **Crisco** Shortening in mixer bowl. Attach bowl and flat beater to mixer. Turn to Speed 4 and beat until creamy, about 1 minute. Continuing on Speed 4, gradually beat in remaining 1 cup brown sugar. Stop and scrape bowl.

Turn to Speed 2 and add eggs, one at a time, mixing about 15 seconds after each addition. Turn to Speed 6 and beat until fluffy, about 1 minute. Turn to Speed 2 and add baking powder mixture alternately with milk, beating well after every addition.

Spread batter in a greased 13×9×2-inch baking pan. Top with crumbly mixture. Bake for 30 to 35 minutes or until toothpick inserted in center comes out clean. Cool in pan on wire rack.

PER SERVING: ABOUT 216 CAL, 6 G PRO, 31 G CARB, 8 G FAT, 5 MG CHOL, 204 MG SOD

PAM LAYERED PUMPKIN STREUSEL CAKE

YIELD: 12 SERVINGS

PAM® for Baking Spray
1 cup (2 sticks) margarine, softened
2 cups granulated sugar
4 eggs
1 can (15 ounces) solid pack pumpkin
1½ cups sour cream
1 teaspoon vanilla
3 cups all-purpose flour, divided
2 teaspoons baking soda
2 teaspoons ground cinnamon

1 teaspoon salt
Powdered sugar

WALNUT STREUSEL TOPPING
1 cup flour
1½ cups firmly packed light brown sugar
½ cup (1 stick) margarine, softened
1 tablespoon ground cinnamon
1½ cups chopped walnuts

Coat 10-cup bundt pan liberally with **PAM®** for Baking Spray; set aside.

Place margarine and granulated sugar in mixer bowl. Attach bowl and flat beater to mixer. Turn to Speed 2 and mix until creamy, about 2 minutes. Continuing on Speed 2 add eggs two at a time, then pumpkin, sour cream and vanilla, beating about 30 seconds after each addition. Stop and scrape bowl. Turn to Speed 4 and beat 1 minute. Reduce mixer to Stir Speed and gradually add flour, soda, cinnamon and salt, mixing just until combined.

Crumble third of **Walnut Streusel Topping** in bottom of prepared pan. Spoon third of batter over streusel

topping, spreading evenly with spatula. Repeat layers twice with remaining topping and batter. Bake at 350°F for 45 minutes or until toothpick inserted in center comes out clean. Cool in pan 15 minutes; remove from pan and invert onto wire rack. Cool completely; dust with powdered sugar before serving.

To make **Walnut Streusel Topping** place flour, brown sugar, margarine, and ground cinnamon in mixer bowl. Attach bowl and flat beater to mixer. Turn to Speed 2 and mix until crumbly, about 1 minute. Add walnuts, then turn to Stir Speed and mix until combined, about 30 seconds.

PER SERVING: ABOUT 759 CAL, 11 G PRO, 91 G CARB, 40 G FAT, 96 MG CHOL, 628 MG SOD

PAM. BURST-OF-LIME GINGER CAKE

YIELD: 16 SERVINGS

PAM® for Baking Spray
½ cup butter or margarine
⅓ cup sugar
2¼ cup all-purpose flour
1 teaspoon baking soda
½ teaspoon baking powder
1½ teaspoons cinnamon
1 teaspoon ginger
¾ cup milk
2 eggs
1 cup molasses

BURST-OF-LIME FILLING

1 package (8 ounces) cream cheese, softened

1 teaspoon grated lime peel
2 tablespoons lime juice
1 egg
⅓ cup sugar
1 tablespoon cornstarch

ZESTY LIME SAUCE

⅓ cup plus 2 tablespoons sugar
2 tablespoons cornstarch
1 cup water
2 tablespoons butter or margarine
1 teaspoon grated lime peel
2 tablespoons lime juice

Coat a 10-inch fluted bundt pan with **PAM®** for Baking Spray; set aside.

Place butter and sugar in mixer bowl. Attach bowl and flat beater to mixer. Turn to Speed 4 and beat until creamy, about 1 minute. Stop and scrape bowl. Combine flour, baking soda, baking powder, cinnamon, and ginger in small bowl.

Whisk milk, eggs, and molasses together in another container. Turn to Stir Speed and add ⅓ of flour mixture alternately with ½ of milk mixture, beating about 20 seconds after each addition. Stop and scrape bowl. Turn to Speed 6 and beat until fluffy, about 1 minute.

Pour half of batter into prepared pan. Spoon **Burst-of-Lime Filling** onto batter, then top with remaining batter. Bake at 350°F for 1 hour or until toothpick inserted in center come out clean. Cool in pan on wire rack for 4 minutes. Remove from pan and cool completely on serving platter. Serve with hot **Zesty Lime Sauce.**

To prepare **Burst-of-Lime Filling,** place all ingredients in mixer bowl. Attach bowl and flat beater to mixer. Turn to Speed 4 and beat until smooth, about 1 minute.

To prepare **Zesty Lime Sauce,** combine sugar and cornstarch in medium saucepan. Gradually whisk in water. Cook over medium-high heat, stirring frequently, until mixture thickens, about 5 minutes. Remove from heat and stir in butter, lime peel, and lime juice.

PER SERVING: ABOUT 330 CAL, 4 G PRO, 45 G CARB, 16 G FAT, 45 MG CHOL, 270 MG SOD

PAM PEAR AND AMARETTO CAKE

YIELD: 12 SERVINGS

PAM® for Baking Spray
1 cup butter or margarine, softened
2 cups sugar
1 teaspoon vanilla
½ teaspoon almond extract
4 eggs
1 can (15 ounces) pear halves in light syrup, drained and thinly sliced, liquid reserved
3 cups self-rising flour
¼ cup amaretto liqueur, divided
Fresh raspberries
Fresh mint leaves
Sliced almonds

ALMOND CREAM FILLING
1¾ cups milk
1 package (3 ounces) cook and serve French vanilla pudding and pie filling mix
½ teaspoon almond extract

FLUFFY AMARETTO FROSTING
1 package (8 ounces) cream cheese, softened
3 tablespoons powdered sugar
2 tablespoons amaretto liqueur
1 cup vanilla morsels, melted
1 cup whipping cream, whipped to soft peaks (see Whipped Cream, page 17)

Coat 10-inch springform pan with **PAM®** for Baking Spray; set aside.

Place butter, sugar, vanilla, and almond extract in mixer bowl. Attach bowl and flat beater to mixer. Turn to Speed 6 and beat until fluffy, about 2 minutes. Stop and scrape bowl. Turn to Speed 2 and add eggs, one at a time, mixing about 15 seconds after each addition. Stop and scrape bowl. Measure reserved liquid from pears and add water to equal 1 cup. Turn to Speed 2 and add ⅓ of the flour alternately with ½ of the pear liquid, mixing just until combined, about 20 seconds after each addition. Do not overbeat. Pour batter into prepared pan and bake at 350°F for 60 to 70 minutes, or until toothpick inserted in center comes out clean. Cool completely in pan on wire rack.

Remove cake from pan and split in half horizontally. Sprinkle each cut side with 2 tablespoons amaretto liqueur. Place one layer cut side up on serving platter. Arrange sliced pears on layer. Spoon **Almond Cream Filling** over pears. Top with remaining cake layer, cut side down. Cover and refrigerate at least one hour.

Frost with **Fluffy Amaretto Frosting,** and garnish as desired with raspberries, mint leaves, and sliced almonds.

To prepare **Almond Cream Filling,** combine milk and pudding mix and prepare according to package direction. Transfer to medium bowl, cover with plastic wrap pressed onto pudding surface, and cool to room temperature. When cool, stir in almond extract.

To prepare **Fluffy Amaretto Frosting,** place cream cheese and powdered sugar in mixer bowl. Attach bowl and flat beater to mixer. Turn to Speed 4 and beat until fluffy, about 1½ minutes. Stop and scrape bowl. Turn to Speed 4 and gradually add amaretto liqueur and vanilla morsels, beating until fluffy, about 1 minute. Carefully fold in whipped cream by hand.

PER SERVING: ABOUT 750 CAL, 10 G PRO, 90 G CARB, 37 G FAT, 120 MG CHOL, 720 MG SOD

PAM APRICOT HAZELNUT TORTE WITH FUDGE GLAZE

YIELD: 12 SERVINGS

PAM® For Baking Spray
2 cups all-purpose flour
1¼ teaspoons baking soda
½ teaspoon salt
1½ cups granulated sugar
1 cup milk
½ cup (1 stick) margarine, softened
1 teaspoon vanilla extract
2 eggs
4 squares (1 ounce each) unsweetened chocolate, melted
1 cup finely chopped hazelnuts, divided

APRICOT RUM FILLING
1 jar (16 ounces) apricot preserves
½ cup rum

FUDGE GLAZE
2 squares (1 ounce each) semi-sweet baking chocolate
¼ cup (½ stick) margarine
1 egg yolk, slightly beaten
1 tablespoon milk
1 tablespoon rum
⅔ cup powdered sugar, sifted

Coat two 9-inch round cake pans liberally with **PAM** for Baking Spray.

Combine dry ingredients in mixer bowl. Attach bowl and flat beater to mixer. Turn to Speed 2 and mix about 15 seconds. Add milk, margarine, and vanilla. Turn to Speed 2 and mix about 1 minute. Stop and scrape bowl. Add eggs and chocolate. Continuing on Speed 2, mix about 30 seconds. Stop and scrape bowl. Turn to Speed 6 and beat about 1 minute.

Bake at 350°F for 30 minutes or until toothpick inserted in center comes out clean. Cool in pans 10 minutes; remove from pans and cool completely on wire racks.

Slice each cake in half horizontally with serrated knife to make four layers. Place one layer on serving plate; spread with third of **Apricot Rum Filling** and sprinkle with ¼-cup hazelnuts. Repeat layering twice then top with remaining cake layer.

Pour **Fudge Glaze** over top of cake allowing glaze to drizzle down sides. Sprinkle with remaining ¼-cup nuts; refrigerate 4 hours or overnight.

To make **Apricot Rum Filling,** melt together preserves and rum in small saucepan over low heat, stirring frequently; set aside.

To make **Fudge Glaze,** melt chocolate and margarine in medium saucepan over medium-low heat. Stir in egg yolk, milk and rum; cook and stir until smooth. Gradually stir in powdered sugar; cook and stir until smooth. Remove from heat and cool about 10 minutes.

PER SERVING: ABOUT 581 CAL, 7 G PRO, 80 G CARB, 26 G FAT, 56 MG CHOL, 356 MG SOD

JIF® 'N' CHOCOLATE MINI CHEESECAKES

YIELD: 12 SERVINGS

1 cup finely crushed chocolate-covered graham crackers

1 package (8 ounces) cream cheese, softened

1 package (3 ounces) cream cheese, softened

½ cup sugar

1 teaspoon vanilla extract

½ cup milk

2 eggs

⅓ cup JIF® Creamy Peanut Butter

½ cup semisweet chocolate chips, melted and slightly cooled

Preheat oven to 325°F. Line 12 regular (2½-inch) muffin cups with paper liners. Spoon about 1 tablespoon crushed graham crackers into each cup, and press flat with bottom of drinking glass; set aside.

Place cream cheese in mixer bowl. Attach bowl and flat beater to mixer. Turn to Speed 4 and beat until smooth, about 2 minutes. Stop and scrape bowl. Add sugar and vanilla. Turn to Speed 6 and beat until smooth and fluffy, about 1 minute. Stop and scrape bowl. Turn to Speed 2 and gradually add milk then eggs, one at a time, beating 15 seconds after each addition. Stop and scrape bowl. Turn to Speed 4 and beat 30 seconds. Remove half of batter to separate bowl.

Add **Jif** Peanut Butter to batter in mixer bowl. Turn to Speed 4 and beat until well blended, about 1 minute. Divide peanut butter batter evenly among prepared muffin cups. Return reserved batter to mixer bowl (do not clean bowl or beater) and add melted chocolate. Turn to Speed 4 and beat until well blended, about 1 minute. Divide evenly among half-filled muffin cups, spreading to cover peanut butter batter.

Bake for 20 to 25 minutes, or until centers are almost set. Cool completely on wire racks. Store covered in refrigerator. Remove paper liners before serving.

PER SERVING: ABOUT 255 CAL, 6 G PRO, 21 G CARB, 18 G FAT, 65 MG CHOL, 151 MG SOD

PEANUT BUTTER SUPREME PIE

YIELD: 8 SERVINGS (ONE 9-INCH PIE)

1⅓ cups PILLSBURY BEST®
  All-Purpose Flour
½ teaspoon salt
½ CRISCO® Stick or ½ cup CRISCO
  Shortening, cut into pieces
3 tablespoons cold water
½ cup plus ⅓ cup chopped
  peanuts
1 cup JIF® Creamy Peanut Butter,
  divided

½ cup powdered sugar
½ cup half-and-half
1 can (14 ounces) sweetened
  condensed milk
1 cup milk
1 package (3.4 ounces) vanilla-
  flavor instant pudding
  SMUCKER'S® Chocolate Fudge
  Microwave Topping, heated
  according to package
  directions

Place **Pillsbury BEST** Flour and salt in mixer bowl. Attach bowl and flat beater to mixer. Turn to Stir Speed and mix about 15 seconds. Add **Crisco** Shortening; turn to Stir Speed and mix until shortening particles are size of peas. Continue on Stir Speed. Add water, one tablespoon at a time, mixing until dough is moist and begins to hold together. Form dough into ball and flatten; wrap in plastic wrap. Chill for 15 minutes. Roll out pastry crust and fit into a 9-inch pie plate.

Preheat oven to 400°F.

Place ½ cup chopped peanuts, ½ cup **Jif** Peanut Butter, powdered sugar, and half-and-half in mixer bowl. Attach bowl and flat beater to mixer. Gradually turn to Speed 4, beating until well combined. Pour into

unbaked pie crust. Bake for 20 to 25 minutes or until crust is golden brown; cool completely.

Meanwhile place remaining ½ cup **Jif** Peanut Butter and sweetened condensed milk in mixer bowl. Attach bowl and flat beater to mixer. Turn to Stir Speed and mix until well blended. Stop and scrape bowl. Add milk and pudding mix. Gradually turn to Speed 4 and beat 2 minutes, stopping to scrape bowl once. Pour over cooled peanut layer and spread to edge of crust. Refrigerate several hours before serving.

To serve, sprinkle with remaining ⅓ cup chopped peanuts and drizzle with warm **Smucker's** Topping.

PER SERVING: ABOUT 789 CAL, 20 G PRO, 83 G CARB, 44 G FAT, 31 MG CHOL, 574 MG SOD

PET CHOCOLATE-FILLED CREAM PUFFS

THE DAIRY GOODNESS PEOPLE

YIELD: 12 SERVINGS

1 **cup water**	1 **can (12 ounces) PET®**
½ **cup (1 stick) butter**	**Evaporated Milk**
½ **teaspoon salt**	1⅓ **cups water**
1 **cup PILLSBURY BEST®**	2 **ounces unsweetened chocolate,**
All-Purpose Flour	**coarsely chopped**
4 **eggs**	¾ **cup semisweet chocolate chips**
Powdered sugar (optional)	1 **tablespoon vanilla**

CHOCOLATE FILLING

¾ **cup granulated sugar**
⅓ **cup cornstarch**
½ **teaspoon salt**

HOT FUDGE SAUCE

½ **cup semisweet chocolate chips**
⅓ **cup PET Evaporated Milk**
2 **tablespoons granulated sugar**

Preheat oven to 400°F.

Heat water, butter, and salt in 1½-quart saucepan over high heat to a full rolling boil. Reduce heat and quickly stir in **Pillsbury BEST** Flour, stirring vigorously with wooden spoon until mixture leaves sides of pan and forms a ball.

Place mixture in mixer bowl. Attach bowl and flat beater to mixer. Turn to Speed 2 and add eggs, one at a time, beating 30 seconds after each addition. Stop and scrape bowl. Turn to Speed 4 and beat 15 seconds.

Drop scant ¼ cupfuls of dough into 12 mounds 2 inches apart on greased cookie sheets. Bake for 30 to 35 minutes or until golden brown and puffy. Cool slightly on wire racks, then slice in half horizontally with a serrated knife. Scrape insides of puffs gently with fork to remove any soft dough, then cool completely on wire racks.

Meanwhile, prepare **Chocolate Filling.** Combine granulated sugar, cornstarch, and salt in large saucepan. Gradually stir in **PET** Evaporated Milk and water. Add unsweetened chocolate. Cook and stir over medium heat until mixture is very thick and chocolate has melted completely, frequently scraping bottom of pan with flat spatula. Bring to a simmer and simmer for 1 full minute, stirring constantly. Remove from heat and stir in chocolate chips and vanilla. Stir until chocolate chips have melted completely. Pour into medium bowl and cover; refrigerate at least 4 hours or overnight.

Meanwhile, prepare **Hot Fudge Sauce.** Place all ingredients in heavy saucepan over low heat. Cook, stirring constantly, until chocolate melts completely.

To serve, fill bottom halves of cream puffs with about ⅓ cup **Chocolate Filling,** place cream puff tops on filling. Lightly dust with powdered sugar (if desired), then drizzle with **Hot Fudge Sauce.**

PER SERVING: ABOUT 363 CAL, 7 G PRO, 42 G CARB, 20 G FAT, 102 MG CHOL, 36 MG SOD

CHOCOLATE SILK PIE

YIELD: 8 SERVINGS

1½ cups sugar

3 tablespoons unsweetened cocoa powder

3 eggs

⅔ cup PET® Evaporated Milk

½ cup (1 stick) butter or margarine, melted

1 teaspoon vanilla

1 unbaked (9-inch) deep-dish pie crust (see KitchenAid Pie Pastry, page 84)

Whipped topping (optional)

Preheat oven to 350°F. Place ungreased baking sheet in oven to preheat.

Place sugar and cocoa powder in mixer bowl. Attach bowl and wire whip to mixer. Turn to Stir Speed and mix to combine, about 15 seconds. Continuing on Stir Speed, gradually add eggs, **PET** Evaporated Milk, melted butter, and vanilla and mix until well blended, about 1 minute. Stop and scrape bowl. Turn to Speed 6 and whip until smooth and slightly thickened, about 2 minutes.

Pour into prepared crust. Place pie plate on preheated baking sheet and bake for 55 to 60 minutes or until center puffs and pie has set. Cool completely on wire rack. Garnish with whipped topping, if desired.

PER SERVING: ABOUT 566 CAL, 8 G PRO, 21 G CARB, 30 G FAT, 124 MG CHOL, 370 MG SOD

FLOURLESS RASPBERRY MOCHA CAKE WITH CREME CHANTILLY

YIELD: 8 SERVINGS

Nonstick cooking spray

1 teaspoon instant espresso powder or freeze-dried coffee crystals

1 tablespoon water

1 package (16 ounces) semi-sweet chocolate chips

½ cup (1 stick) unsalted butter

¼ cup granulated sugar

4 eggs at room temperature, separated

1 cup cold whipping cream

½ teaspoon vanilla extract

2 tablespoons powdered sugar

½ cup SMUCKER'S® Seedless Raspberry Jam

Preheat oven to 350°F. Coat bottom and sides of 8-inch springform pan with cooking spray; set aside.

Dissolve espresso powder in water, stirring to combine; set aside.

Melt chocolate chips and butter in medium saucepan over medium heat. Stir until well combined then remove from heat. Add sugar. Beat in egg yolks, one at a time, with wooden spoon. Stir in espresso and water mixture; mix well.

Place room-temperature egg whites in clean dry mixer bowl. Attach bowl and wire whip to mixer. Gradually turn mixer to Speed 8. Whip until stiff peaks form. Stop mixer and remove bowl. Fold in ⅓ of chocolate mixture at a time with large rubber spatula, mixing gently until no white streaks remain. Pour batter into prepared pan and smooth top. Bake for 27 to 33 minutes or until edges puff; cool on wire rack for 30 minutes. Cover and chill.

To make **Crème Chantilly,** pour cold whipping cream and vanilla into chilled mixer bowl. Attach bowl and wire whip to mixer. Gradually turn mixer to Speed 8. Add powdered sugar and whip until cream stands in stiff sharp peaks when wire whip is removed.

Just before serving, place **Smucker's** Jam in a resealable plastic bag. Heat in microwave on HIGH for 10 seconds, then knead bag; repeat until jam is warm. Cut corner off plastic bag and drizzle melted jam over each serving; serve garnished with **Crème Chantilly.**

PER SERVING: ABOUT 601 CAL, 6 G PRO, 58 G CARB, 43 G FAT, 179 MG CHOL, 54 MG SOD

KITCHENAID PIE PASTRY

YIELD: 8 SERVINGS (TWO 8- OR 9-INCH CRUSTS)

2¼ cups all-purpose flour
¾ teaspoon salt
½ cup shortening, well chilled

2 tablespoons butter or
   margarine, well chilled
5 to 6 tablespoons cold water

Place flour and salt in mixer bowl. Attach bowl and flat beater to mixer. Turn to Stir Speed and mix about 15 seconds. Cut shortening and butter into pieces and add to flour mixture. Turn to Stir Speed and mix until shortening particles are size of small peas, 30 to 45 seconds.

Continuing on Stir Speed, add water, 1 tablespoon at a time, mixing until ingredients are moistened and dough begins to hold together. Divide dough in half. Pat each half into a smooth ball and flatten slightly. Wrap in plastic wrap. Chill in refrigerator 15 minutes.

Roll one half of dough to ⅛ inch thickness between sheets of waxed paper. Fold pastry into quarters. Ease into 8- or 9-inch pie plate and unfold, pressing firmly against bottom and sides.

For One-Crust Pie: Fold edge under. Crimp as desired. Add desired pie filling. Bake as directed.

For Two-Crust Pie: Trim pastry even with edge of pie plate. Using second half of dough, roll out another pastry crust. Add desired pie filling. Top with second pastry crust. Seal edge. Crimp as desired. Cut slits for steam to escape. Bake as directed.

For Baked Pastry Shell: Fold edge under. Crimp as desired. Prick sides and bottom with fork. Bake at 450°F for 8 to 10 minutes, or until lightly browned. Cool completely on wire rack and fill.

Alternate Method for Baked Pastry Shell: Fold edge under. Crimp as desired. Line shell with foil. Fill with pie weights or dried beans. Bake at 450°F for 10 to 12 minutes, or until edges are lightly browned. Remove pie weights and foil. Cool completely on wire rack and fill.

PER SERVING (ONE CRUST): ABOUT 134 CAL, 2 G PRO, 13 G CARB, 8 G FAT, 0 MG CHOL, 118 MG SOD

PER SERVING (TWO CRUSTS): ABOUT 267 CAL, 4 G PRO, 27 G CARB, 16 G FAT, 0 MG CHOL, 236 MG SOD

 PEANUT BUTTER SECRETS

YIELD: 3 DOZEN COOKIES

1 CRISCO® Butter Flavor Stick or 1 cup CRISCO Butter Flavor Shortening, plus more to grease baking sheets

¾ cup brown sugar, firmly packed

½ cup granulated sugar

½ cup JIF® Creamy Peanut Butter

1 egg

1 teaspoon vanilla extract

2 cups PILLSBURY BEST® All-Purpose Flour

1 teaspoon baking soda

½ teaspoon salt

1 package (13 ounces) miniature chocolate-covered peanut butter cups

PEANUT BUTTER GLAZE

1 teaspoon CRISCO Butter Flavor Shortening

1 cup semisweet chocolate chips

2 tablespoons JIF Creamy Peanut Butter

Preheat oven to 375°F. Coat baking sheet with **Crisco** Shortening; set aside.

Place **Crisco** Shortening, brown sugar, granulated sugar, and **Jif** Peanut Butter in mixer bowl. Attach bowl and flat beater to mixer. Gradually turn to Speed 4; mix until well blended. Scrape bowl, and then add egg and vanilla. Beat 1 minute more at Speed 4. Combine **Pillsbury BEST** Flour, baking soda, and salt. Turn mixer to Stir Speed; gradually add dry ingredients and mix just until blended.

Form rounded teaspoonfuls of dough around each miniature peanut butter cup, encasing candy completely. Place 2 inches apart on prepared cookie sheets. Bake for 8 to 10 minutes or until cookies are light brown. Remove cookies to cooling rack.

For **Peanut Butter Glaze,** combine **Crisco** Shortening, chocolate chips, and **Jif** Peanut Butter in microwave-safe cup. Microwave on MEDIUM for 1 minute, then stir. Repeat until smooth (or melt in small saucepan over low heat, stirring frequently). Spoon over cookies and spread while warm.

PER COOKIE: ABOUT 211 CAL, 3 G PRO, 22 G CARB, 12 G FAT, 6 MG CHOL, 124 MG SOD

LEMON RASPBERRY CHEESECAKE SQUARES

YIELD: 32 BARS

CRUST

- ¾ **CRISCO® Butter Flavor Stick** or ¾ **cup CRISCO Butter Flavor Shortening,** plus more to coat pan
- ⅓ cup brown sugar, firmly packed
- 1¼ cups **PILLSBURY BEST® All-Purpose Flour**
- 1 cup uncooked quick or old-fashioned oats
- ¼ teaspoon salt

FILLING

- 1 jar (12 ounces) **SMUCKER'S® Seedless Red Raspberry Jam**
- 2 packages (8 ounces each) cream cheese, softened
- ¾ cup granulated sugar
- 2 tablespoons **PILLSBURY BEST All-Purpose Flour**
- 2 eggs
- 3 tablespoons lemon juice
- 2 teaspoons grated lemon peel

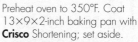

Preheat oven to 350°F. Coat 13×9×2-inch baking pan with **Crisco** Shortening; set aside.

To make **Crust,** place ¾ cup **Crisco** Shortening and brown sugar in mixer bowl. Attach bowl and flat beater to mixer. Turn to Speed 4 and beat until creamy, about 1 minute. Stop and scrape bowl. Turn to Stir Speed and gradually add 1¼ cups **Pillsbury BEST** Flour, oats and salt, mixing until well blended, about 1 minute. Press into bottom of prepared pan. Bake for 20 minutes or until evenly browned. Remove from oven and immediately spread **Smucker's** Jam evenly over hot crust; set aside.

To make **Filling,** place cream cheese, granulated sugar, and 2 tablespoons **Pillsbury BEST** Flour in mixer bowl. Attach bowl and flat beater to mixer. Turn to Speed 6 and beat until smooth, about 1 minute. Stop and scrape bowl. Turn to Speed 2 and add eggs, one at a time, beating about 15 seconds after each addition. Stop and scrape bowl. Add lemon juice and peel. Turn to Speed 4 and beat until well blended, about 1 minute. Pour mixture over **Smucker's** Jam layer. Bake at 350°F for 25 minutes or until set. Cool to room temperature in pan on wire rack.

PER SERVING: 165 CAL, 2 G PRO, 17 G CARB, 10 G FAT, 29 MG CHOL, 66 MG SOD

SMUCKER'S ORANGE MARMALADE COOKIES

YIELD: 5 DOZEN COOKIES

2 cups granulated sugar

½ cup CRISCO Butter Flavor Shortening

2 eggs

1 cup sour cream

½ cup SMUCKER'S® Sweet Orange Marmalade

4 cups PILLSBURY BEST® All-Purpose Flour

2 teaspoons baking powder

1 teaspoon baking soda

1 teaspoon grated orange peel

½ teaspoon salt

FROSTING

3 cups powdered sugar

½ cup (1 stick) butter or margarine, softened

¼ cup SMUCKER'S Sweet Orange Marmalade

Orange juice

Preheat oven to 400°F.

Combine sugar, **Crisco** Shortening, and eggs in mixer bowl. Attach bowl and flat beater to mixer. Turn to Speed 4 and beat until well blended. Stop mixer and add sour cream and ½ cup **Smucker's** Marmalade; turn to Speed 4 and mix until blended. Stop and scrape bowl. Combine **Pillsbury BEST** Flour, baking powder, baking soda, peel, and salt in separate bowl. Turn mixer to Stir Speed and gradually add dry ingredients. Stop mixer and scrape bowl. Turn to Speed 4 and beat until well blended. Chill dough 1 hour. Drop by rounded teaspoonfuls onto greased baking sheets. Bake for 8 to 10 minutes; cool on rack.

To make **Frosting,** combine powdered sugar, butter, and ¼ cup **Smucker's** Marmalade in mixer bowl. Attach bowl and flat beater to mixer. Turn to Stir Speed; mix until blended. Stop and scrape bowl. Continuing on Stir Speed, add orange juice, 1 teaspoon at a time, until frosting reaches spreading consistency. Turn to Speed 4 and beat about 1 minute, or until smooth. Spread on cooled cookies.

PER SERVING: 126 CAL, 1 G PRO, 22 G CARB, 4 G FAT, 13 MG CHOL, 74 MG SOD

Jif IRRESISTIBLE PEANUT BUTTER COOKIES

YIELD: 3 DOZEN COOKIES

1¾ cups PILLSBURY BEST®
   All-Purpose Flour
¾ teaspoon salt
¾ teaspoon baking soda
¾ cup JIF® Creamy Peanut Butter

½ CRISCO® Stick or ½ cup
   CRISCO Shortening
1¼ cups light brown sugar, firmly
   packed
3 tablespoons milk
1 tablespoon vanilla extract
1 egg

Preheat oven to 375°F. Combine **Pillsbury BEST** Flour, salt, and baking soda in small bowl; set aside.

Place **Jif** Peanut Butter, **Crisco** Shortening, brown sugar, milk, and vanilla in mixer bowl. Attach bowl and flat beater to mixer. Turn to Speed 2 and mix until well blended, about 1 minute. Stop and scrape bowl. Add egg. Turn to Speed 2 and beat just until blended, about 30 seconds.

Turn to Stir Speed and gradually add flour mixture, mixing just until blended.

Drop by teaspoonfuls 2 inches apart onto ungreased baking sheets. Flatten slightly with back of fork in crisscross pattern. Bake for 7 to 8 minutes or until set and lightly browned.

PER COOKIE: ABOUT 111 CAL, 2 G PRO, 13 G CARB, 6 G FAT, 6 MG CHOL, 105 MG SOD

FROSTED OATMEAL RAISIN COOKIES

YIELD: 4 DOZEN COOKIES

- 1 **CRISCO®** Butter Flavor Stick or 1 cup CRISCO Butter Flavor Shortening, plus more to coat cookie sheets
- 2 cups PILLSBURY BEST® All-Purpose Flour
- 1 teaspoon baking soda
- ½ teaspoon ground cloves
- ¼ teaspoon salt
- ¼ teaspoon ground cinnamon
- ¼ teaspoon grated nutmeg
- 1 cup brown sugar, firmly packed
- 1 teaspoon vanilla

- 2 eggs
- ⅔ cup PET® Evaporated Milk
- 1 teaspoon instant espresso powder or instant coffee crystals
- 1 cup raisins
- 1 cup quick-cooking oats, uncooked
  Special Coffee Frosting (recipe follows)

Preheat oven to 350°F. Coat cookie sheets with **Crisco** Shortening. Combine **Pillsbury BEST** Flour, baking soda, cloves, salt, cinnamon, and nutmeg in a medium bowl; set aside.

Combine 1 cup **Crisco** Shortening, brown sugar, and vanilla in mixer bowl. Attach bowl and flat beater to mixer. Turn to Speed 4 and beat until light and fluffy. Stop and scrape bowl. Turn to Stir Speed and add eggs one at a time. Stop and scrape bowl.

Stir together **PET** Evaporated Milk and instant espresso powder in small bowl until coffee is completely dissolved.

Turn mixer to Stir Speed. Alternately add **PET** Evaporated Milk mixture and flour mixture to mixer bowl. Stop and scrape bowl. Turn to Speed 4 and beat for 1 minute. Return mixer to Stir Speed; add raisins and oatmeal and mix until well combined, about 1 minute.

Drop batter by heaping teaspoonfuls onto prepared cookie sheets. Bake for 9 to 11 minutes or until lightly browned. Cool cookies completely; frost with **Special Coffee Frosting.**

SPECIAL COFFEE FROSTING

- ¼ cup PET® Evaporated Milk
- 1 teaspoon instant espresso powder or instant coffee crystals
- 2¼ cups powdered sugar

- ¼ cup (½ stick) butter or margarine, softened
- 1 teaspoon vanilla
- ¾ teaspoon ground cinnamon

Stir together **PET** Evaporated Milk and instant espresso powder in mixer bowl until coffee is completely dissolved. Add remaining ingredients to mixer bowl. Attach bowl and flat beater to mixer. Turn to Speed 4 and beat until ingredients are combined. Stop and scrape bowl. Turn to Speed 4 and beat 1 minute more or until desired consistency.

PER SERVING: 129 CAL, 1 G PRO, 18 G CARB, 6 G FAT, 13 MG CHOL, 56 MG SOD

TARTELETTES AUX CHAMPIGNONS ET AUX OIGNONS

DONNE: 24 TARTELETTES

- 4 oz de fromage à la crème léger
- 3 c. à soupe de beurre ou margarine, divisé
- ¾ tasse plus 1 c. à thé de farine tout-usage
- 8 oz de champignons frais, hachés gros
- ½ tasse d'oignons verts hachés
- 1 œuf
- ¼ c. à thé de feuilles de thym séchées
- ½ tasse de fromage suisse râpé

Mettre le fromage à la crème et 2 c. à soupe de beurre dans le bol du batteur. Fixer le bol et le fouet plat au batteur. Régler à la vitesse 4 et battre pendant environ 1 minute. Arrêter le batteur et racler le bol. Ajouter ¾ tasse de farine. Régler à la vitesse 2 et battre environ 1 minute ou jusqu'à l'obtention d'un mélange homogène. Former une boule avec le mélange. Envelopper de papier ciré et laisser refroidir 1 heure. Nettoyer le bol du batteur et le fouet.

Diviser la pâte refroidie en 24 morceaux. Écraser chaque morceau dans un moule à muffins miniatures (graissé, si désiré).

Entre temps, faire fondre le reste du beurre (1 c. à soupe) dans une poêle de 10 po sur feu moyen. Ajouter les champignons et les oignons. Faire cuire en brassant jusqu'à ce qu'ils soient tendres. Retirer du feu et laisser refroidir légèrement.

Placer l'œuf, le reste de la farine (1 c. à soupe) et le thym dans le bol du batteur. Fixer le bol et le fouet plat au batteur. Régler à la vitesse 6 et battre pendant environ 30 secondes. Incorporer le fromage et le mélange de champignons refroidi. À la cuillère, déposer le mélange dans les moules à muffins garnis de pâte à tarte. Faire cuire au four à 375°F de 15 à 20 minutes ou jusqu'à ce que le mélange d'œufs soit gonflé et doré. Servir chaud.

PAR PORTION: (2 TARTELETTES) ENVIRON 98 CALORIES, 4 G DE PROTÉINES, 8 G DE GLUCIDES, 6 G DE MATIÈRES GRASSES, 33 MG DE CHOLESTÉROL, 83 MG DE SODIUM

PAM MINI PAINS DE VIANDE AU FROMAGE

DONNE: 6 PORTIONS

Enduit antiadhésif original PAM®

2 tasses de ketchup HUNT'S®

2 c. à soupe de moutard épicée brune GULDEN'S®

2 c. à soupe de cassonade

2 livres de bœuf haché maigre

2 œufs, battus

1 paquet (environ 1 once) de mélange à soupe à l'oignon

1 tasse de chapelure régulière

1 tasse de cheddar fort râpé

Préchauffer le four à 375°F. Vaporiser généreusement un moule de 13×9×2 pouces d'enduit antiadhésif **PAM®** ; mettre de côté.

Mettre le ketchup **Hunt's®**, la moutarde **Gulden's®** et la cassonade dans le bol du batteur. Fixer le bol et le fouet plat au batteur. Régler à la vitesse 2 et mélanger jusqu'à ce que la cassonade soit dissoute, soit environ 30 secondes. Réserver 1 tasse de cette sauce.

Ajouter le reste des ingrédients au le bol du batteur. Régler à la vitesse 2 et bien mélanger environ 1 minute. Diviser en 6 portions égales (d'environ 1 tasse chacune) et façonner en pains de 5×2½×1 pouces. Déposer les pains dans le moule préparé. Faire cuire 40 minutes. Sortir du four et verser environ 2 c. à soupe de la sauce réservée sur chaque pain. Remettre les pains au four et faire cuire 10 autres minutes. Laisser reposer 5 minutes avant de servir.

PAR PORTION: ENVIRON 529 CALORIES, 42 G DE PROTÉINES, 40 G DE GLUCIDES, 23 G DE MATIÈRES GRASSES, 146 MG DE CHOLESTÉROL, 1589 MG DE SODIUM

FOR THE WAY IT'S MADE.™

PAM. MUFFINS AUX BLEUETS ET À LA CANNELLE

DONNE: 18 MUFFINS

½ tasse de produit d'œufs
   EGG BEATERS®

1½ tasse de lait sans matières
   grasses

½ tasse (1 bâtonnet) plus 1 c. à
   soupe de margarine, fondue,
   divisée

3 tasses de farine tout-usage

1 tasse plus 2 c. à soupe de
   sucre, divisé

2 c. à soupe de levure chimique

1 c. à t hé de zeste de citron

2 tasses de bleuets (frais ou
   congelés), rincés, égouttés
   PAM® pour aérosol de cuisson

¼ c. à thé de cannelle moulue

Préchauffer le four à 400°F. Vaporiser généreusement 18 moules à muffins (2½ pouces) d'enduit antiadhésif **PAM®** ; mettre de côté.

Combiner le produit d'œufs **Egg Beaters®,** le lait et ½ tasse de margarine fondue dans le bol du batteur. Fixer le bol et le fouet plat au batteur. Régler à la vitesse 4 et bien mélanger environ 30 secondes. Mélanger la farine, 1 tasse de sucre, la levure chimique et le zeste de citron et ajouter au bol. Régler à la vitesse 2 et remuer environ 15 secondes. Incorporer les bleuets et mélanger à la vitesse de brassage pendant environ 15 secondes.

Verser à la cuillère dans les moules à muffins préparés. Faire cuire de 24 à 26 minutes ou jusqu'à ce qu'un cure-dent inséré près du centre en sorte propre.

Combiner le reste du sucre (2 c. à soupe) et la cannelle dans un petit bol ; bien mélanger. Badigeonner le dessus des muffins chauds du reste de la c. à soupe de margarine et saupoudrer du mélange de cannelle et sucre. Servir chaud.

PAR PORTION: ENVIRON 202 CALORIES, 4 G DE PROTÉINES, 32 G DE GLUCIDES, 7 G DE MATIÈRES GRASSES, 1 MG DE CHOLESTÉROL, 73 MG DE SODIUM

PAM PETITS PAINS AUX GRAINES DE PAVOT

DONNE: 24 PETITS PAINS

- 2 enveloppes de levure sèche à levée rapide
- ⅓ tasse plus ¼ c. à thé de sucre, divisé
- 1 tasse d'eau chaude (105°F à 115°F)
- ⅔ tasse de lait entier, à température ambiante
- ¼ tasse d'huile de canola
- 1 œuf
- 1 c. à soupe de graines de pavot

- 2½ c. à thé de sel
- 5 à 5⅓ tasses de farine tout-usage, divisée
- 1 tasse (2 bâtonnets) de beurre non salé froid, coupé en fines tranches
- Enduit antiadhésif original PAM®
- 3 c. à soupe de beurre non salé, fondu
- Graines de pavot

Dans le bol réchauffé du batteur, dissoudre la levure et ¼ c. à thé de sucre dans l'eau chaude. Laisser reposer jusqu'à ce que le mélange mousse légèrement. Fixer le bol et le crochet pétrisseur au batteur. Régler à la vitesse 2 et ajouter le lait, l'huile, l'œuf, le reste du sucre (⅓ tasse), 1 c. à soupe de graines de pavot et le sel. Bien mélanger pendant environ 30 secondes. Toujours à la vitesse 2, ajouter graduellement 1 tasse de farine à la pâte et brasser jusqu'à ce que la préparation soit lisse, soit environ 1 minute. Arrêter le batteur et racler le bol.

Combiner 4 tasses de farine et le beurre froid dans le robot ménager ; brasser jusqu'à ce que le mélange soit granuleux. Ajouter à la pâte dans le bol du batteur. Régler à la vitesse 2 et mélanger jusqu'à ce que les ingrédients secs soient incorporés. Pétrir à la vitesse 2 jusqu'à ce que le mélange soit lisse, soit environ 2 minutes de plus, en ajoutant ⅓ tasse de farine supplémentaire si la pâte est collante. Détacher le bol du batteur. Couvrir d'une serviette propre et laisser lever dans un endroit chaud pendant 30 minutes ou jusqu'à ce que la pâte ait presque doublé.

Vaporiser 2 moules à muffins (12 muffins) d'enduit antiadhésif **PAM®**.

Renverser la pâte sur une surface farinée ; pétrir environ 4 minutes ou jusqu'à ce qu'elle soit lisse et élastique. Diviser la pâte en 4 portions égales. Mettre 1 portion sur la surface farinée ; couvrir et réfrigérer les autres portions. Rouler en un carré de 12×12×⅛ pouces. Couper sur le sens de la longueur en 6 bandes de 2 pouces. Empiler les bandes pour former 6 couches. Couper la pile en 6 portions égales d'environ 2 pouces carrés chacune. Déposer chaque pile, le côté coupé vers le bas, dans le moule à muffins préparé. Répéter avec le reste des morceaux de pâte. Couvrir d'une serviette propre ; laisser lever dans un endroit chaud pendant 30 minutes ou jusqu'à ce que la pâte ait presque doublé.

Préchauffer le four à 350°F.

Badigeonner le dessus des petits pain de beurre fondu et saupoudrer de graines de pavot. Faire cuire 25 minutes dans le tiers supérieur du four en changeant la position des moules à la mi-cuisson. Laisser refroidir dans les moules de 7 à 10 minutes puis démouler les petits pains et les déposer sur une grille. Servir chaud.

PAR PORTION: ENVIRON 223 CALORIES, 4 G DE PROTÉINES, 25 G DE GLUCIDES, 12 G DE MATIÈRES GRASSES, 34 MG DE CHOLESTÉROL, 230 MG DE SODIUM

~SMUCKER'S~ DÉLICIEUX MUFFINS AUX FRUITS

DONNE: 12 MUFFINS

- 1 tasse d'avoine à l'ancienne ou à cuisson rapide
- ½ tasse de farine tout-usage **PILLSBURY BEST®**
- ½ tasse de farine de blé entier **PILLSBURY®**
- 1 tasse de cassonade foncée, bien tassée
- 1 c. à soupe de levure chimique
- 2 c. à thé de cannelle moulue
- ¼ c. à thé de sel
- ⅛ c. à thé de clou de girofle moulu

- ¼ tasse d'huile végétale* **CRISCO®**
- 1 œuf
- 1⅓ tasse de tartinade aux abricots à teneur réduite en sucre ou sans sucre **SMUCKER'S®**, divisée
- ½ tasse de morceaux de fruits séchés mélangés (pommes, abricots, dattes)
- 1 tasse de bananes mûres écrasées (environ 2 bananes moyennes)

Ou utilisez votre huile Crisco préférée

Préchauffer le four à 400°F. Tapisser 12 moules à muffins moyens de papier d'aluminium ou de moules en papier ; mettre de côté.

Combiner l'avoine, la farine tout-usage **Pillsbury BEST,** la farine de blé entier **Pillsbury,** la cassonade, la levure chimique, la cannelle, le sel, le clou de girofle et l'huile **Crisco** dans le bol du batteur. Fixer le bol et le fouet plat au batteur. Régler à la vitesse de brassage et mélanger jusqu'à l'obtention d'un mélange granuleux. Arrêter le batteur et ajouter l'œuf, 1 tasse de tartinade **Smucker's**, les fruits séchés et les bananes. Régler graduellement à la vitesse 2 et bien mélanger. Remplir les moules à muffins presque entièrement. Faire cuire de 20 à 25 minutes ou jusqu'à ce qu'un cure-dent inséré au centre en sorte propre ; laisser refroidir.

Faire chauffer le reste de la tartinade **Smucker's** (⅓ tasse) au four à micro-ondes à puissance ÉLEVÉE pendant 20 secondes ; étaler sur le dessus des muffins refroidis.

PAR PORTION: ENVIRON 230 CALORIES, 3 G DE PROTÉINES, 48 G DE GLUCIDES, 6 G DE MATIÈRES GRASSES, 18 MG DE CHOLESTÉROL, 192 MG DE SODIUM

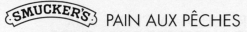 **PAIN AUX PÊCHES**

DONNE 18 PORTIONS (6 TRANCHES PAR PAIN)

- ⅓ bâtonnet CRISCO® ou ⅓ tasse de shortening CRISCO et un peu plus pour graisser les moules
- 1½ tasse de farine tout-usage PILLSBURY BEST® et un peu plus pour fariner les moules
- ¾ c. à thé de sel
- ½ c. à thé de bicarbonate de sodium
- ½ c. à thé de cannelle moulue
- ½ c. à thé de muscade moulue
- ½ tasse de sucre
- 1 pot (12 onces) de tartinade aux pêches SMUCKER'S®, divisée
- ½ c. à thé d'essence d'amande
- ½ tasse de babeurre
- 2 œufs

Préchauffer le four à 350°F. Graisser trois mini moules à pain de 3×5¾×2 pouces de shortening **Crisco** ; saupoudrer de farine **Pillsbury BEST** ; mettre de côté.

Combiner 1½ tasse de farine **Pillsbury BEST**, le sel, le bicarbonate de sodium, la cannelle et la muscade dans un bol moyen ; mettre de côté. Mélanger le sucre et ⅓ tasse de shortening **Crisco** dans le bol du batteur. Fixer le bol et le fouet plat au batteur. Régler à la vitesse 6 et battre jusqu'à ce que le mélange soit léger, soit environ 2 minutes. Arrêter le batteur et racler le bol.

Réserver 3 c. à soupe de tartinade **Smucker's** dans un petit bol allant au four à micro-ondes ; mettre de côté. Ajouter le reste de la tartinade **Smucker's**, l'essence d'amande et le babeurre dans le bol du batteur. Régler à la vitesse 2 et mélanger environ 2 minutes. Toujours à la vitesse 2, ajouter les œufs, un à la fois, en mélangeant environ 15 secondes après chaque ajout. Arrêter le batteur et racler le bol. Régler à la vitesse de brassage et ajouter graduellement le mélange de farine en combinant bien les ingrédients, environ 1 minute.

Verser la pâte dans les 3 moules préparés. Faire cuire de 30 à 35 minutes ou jusqu'à ce qu'un cure-dent inséré au centre en sorte propre. Laisser refroidir dans les moules pendant 10 minutes ; renverser sur des grilles.

Faire chauffer la tartinade **Smucker's** réservée dans le four à micro-ondes à puissance ÉLEVÉE pendant 20 secondes ; tartiner sur le dessus des pains refroidis.

PAR PORTION: ENVIRON 146 CALORIES, 2 G DE PROTÉINES, 25 G DE GLUCIDES, 4 G DE MATIÈRES GRASSES, 24 MG DE CHOLESTÉROL, 147 MG DE SODIUM

JIF GÂTEAU ROULÉ À LA CRÈME AUX FRAISES ET AU BEURRE D'ARACHIDE

DONNE: 10 PORTIONS

GÂTEAU

- ¼ tasse de sucre à glacer
  Shortening CRISCO®
- 1 tasse de farine tout-usage
  PILLSBURY BEST®
- 1 c. à thé de levure chimique
- ¼ c. à thé de sel
- 4 œufs
- 1 tasse de sucre granulé
- ¼ tasse d'eau
- 1 c. à thé de vanille

CRÈME AU BEURRE D'ARACHIDE

- 1 paquet (8 onces) de fromage à la crème, ramolli
- 1 tasse de sucre à glacer
- ⅓ tasse de beurre d'arachide extra croquant JIF®
- ½ c. à thé d'essence d'amande
- 1 tasse de garniture aux fraises à faible teneur en sucre SMUCKER'S®, divisée
  Sucre à glacer

Préchauffer le four à 375°F. Passer ¼ tasse de sucre à glacer au tamis au-dessus d'une grande et mince serviette de cuisine propre. Graisser un moule à gâteau roulé de 15×10×1 pouces de shortening **Crisco**. Tapisser le moule de papier ciré et graisser le papier ciré de shortening **Crisco**. Tamiser ensemble la farine **Pillsbury BEST**, la levure chimique et le sel ; mettre de côté.

Mettre les œufs dans le bol du batteur. Fixer le bol et le fouet fin au batteur. Régler à la vitesse 8 et battre les œufs jusqu'à ce qu'ils soient légers et de couleur jaune citron. Réduire à la vitesse de brassage. Ajouter graduellement le sucre granulé, l'eau, la vanille et le mélange tamisé de farine ; arrêter le batteur et racler le bol. Régler à la vitesse 6 et battre une minute de plus. Verser la pâte dans le moulé préparé.

Faire cuire au four de 9 à 11 minutes ou jusqu'à ce qu'un cure-dent inséré au centre en sorte propre. Démouler immédiatement du gâteau et le renverser sur la serviette préparée. Retirer délicatement le papier ciré. Rouler le gâteau d'un bout étroit à l'autre. Laisser refroidir sur une grille de 30 à 40 minutes.

Pour faire la **crème au beurre d'arachide**, combiner le fromage à la crème, 1 tasse de sucre à glacer, le beurre d'arachide **Jif** et l'essence d'amande dans le bol du batteur. Fixer le bol et le fouet plat au batteur. Régler à la vitesse de brassage et mélanger jusqu'à ce que le sucre à glacer soit bien incorporé. Régler à la vitesse 4 et battre jusqu'à l'obtention d'un mélange lisse. Dérouler le gâteau ; étaler en une couche égale la crème au beurre d'arachide jusqu'aux rebords du gâteau. Réserver 2 c. à soupe de garniture aux fruits **Smucker's** dans un sac en plastique refermable ; étaler le reste de la garniture aux fruits **Smucker's** sur la crème au beurre d'arachide. Rouler à nouveau le gâteau ; l'envelopper dans une pellicule de plastique et réfrigérer plusieurs heures avant de servir. Au moment de servir, saupoudrer le gâteau de sucre à glacer. Faire chauffer la garniture aux fruits réservée au four à micro-ondes à puissance ÉLEVÉE pendant 10 secondes ; la verser sur le sucre à glacer.

PAR PORTION: ENVIRON 420 CALORIES, 8 G DE PROTÉINES, 67 G DE GLUCIDES, 14 G DE MATIÈRES GRASSES, 110 MG DE CHOLESTÉROL, 237 MG DE SODIUM

SMUCKER'S GÂTEAU SABLÉ AU FROMAGE À LA CRÈME AUX FRAISES

DONNE: 12 PORTIONS

Aerosol de cuisson

2¼ tasses de farine tout-usage PILLSBURY BEST®

1 tasse de sucre, divisé

¾ tasse (1½ bâtonnet) de beurre ou margarine non salé, coupé en petits cubes et gardés à température ambiante

½ c. à thé de levure chimique

½ c. à thé de bicarbonate de sodium

¼ c. à thé de sel

¾ tasse de crème sûre

2 œufs, divisés

1 c. à thé d'essence d'amande

1 paquet (8 onces) de fromage à la crème, ramolli

½ c. à thé de zeste de citron

½ c. à thé de vanille

1 pot (18 onces) de confiture aux fraises SMUCKER'S®

½ tasse d'amandes tranchées

Préchauffer le four à 350°F. Graisser le fond et la paroi d'un moule à charnière de 10 pouces de aerosol de cuisson ; mettre de côté.

Combiner la farine **Pillsbury BEST**, ¾ tasse de sucre et le beurre dans le bol du batteur. Fixer le bol et le fouet plat au batteur. Régler à la vitesse 2 et mélanger jusqu'à l'obtention de gros morceaux, soit environ 8 minutes. Retirer 1 tasse du mélange granuleux et réserver. Ajouter la levure chimique, le bicarbonate de sodium, le sel, la crème sûre, 1 œuf et l'essence d'amande au reste mélange granuleux. Régler à la vitesse 4 et mélanger 2 minutes. Arrêter le batteur et racler le bol ; mélanger une minute de plus.

Graisser le dos d'une cuillère à soupe de aerosol de cuisson et l'utiliser pour étendre la pâte dans le fond et sur 1 pouce de la paroi du moule préparé. Vaporiser légèrement et uniformément le dessus de la pâte dans le fond du moule de enduit de cuisson.

Combiner le fromage à la crème, le reste du sucre (¼ tasse), l'œuf, le zeste de citron et la vanille dans le bol du batteur. Fixer le bol et le fouet plat au batteur. Régler à la vitesse 4 et battre jusqu'à ce que le mélange soit lisse en arrêtant une fois pour racler le bol. Verser la pâte dans le moule.

À l'aide d'une cuillère, verser la confiture **Smucker's** sur la préparation de fromage à la crème. Combiner le reste du mélange granuleux réservé et les amandes ; parsemer sur la confiture.

Faire cuire de 65 à 75 minutes ou jusqu'à ce que la garniture au fromage à la crème soit prise et que la pâte soit bien dorée. Laisser refroidir 15 minutes. Servir chaud ou froid.

PAR PORTION: ENVIRON 500 CALORIES, 7 G DE PROTÉINES, 64 G DE GLUCIDES, 25 G DE MATIÈRES GRASSES, 94 MG DE CHOLESTÉROL, 197 MG DE SODIUM

GÂTEAUX FRUITÉS À LA NOIX DE COCO

DONNE: 16 PORTIONS (2 GÂTEAUX DE 8 POUCES)

GÂTEAU

Shortening CRISCO® pour graisser les moules

2 tasses de farine tout-usage PILLSBURY BEST®

1 c. à thé de levure chimique

½ c. à thé de bicarbonate de sodium

¼ c. à thé de sel

1 paquet (8 onces) de fromage à la crème, ramolli

½ tasse (1 bâtonnet) de beurre non salé, ramolli

1¼ tasse de sucre

2 œufs

¼ tasse de lait évaporé PET®

1 c. à thé de vanille

1 pot (12 onces) de tartinade aux pêches, ananas ou abricots SMUCKER'S®

GARNITURE

⅔ tasse de sucre

⅔ tasse de lait évaporé PET

¼ tasse (½ bâtonnet) de beurre ou margarine

1 œuf, légèrement battu

1¼ tasse de flocons de noix de coco sucrée

⅔ tasse de pacanes hachées

1 c. à thé de vanille

Préchauffer le four à 350°F. Graisser deux moules à gâteau de 8 pouces de shortening **Crisco**. Combiner la farine **Pillsbury BEST**, la levure chimique, le bicarbonate de sodium et le sel dans un bol moyen ; mettre de côté.

Mettre le fromage à la crème, le beurre et le sucre dans le bol du batteur. Fixer le bol et le fouet plat au batteur. Régler à la vitesse 4 et battre jusqu'à l'obtention d'un mélange léger et mousseux. Arrêter le batteur et racler le bol. Régler à la vitesse de brassage ; ajouter les œufs un à la fois. Arrêter le batteur et racler le bol. Ajouter ¼ tasse de lait évaporé **Pet** et la vanille. Régler à la vitesse de brassage ; ajouter graduellement les ingrédients secs. Arrêter le batteur et racler le bol. Régler à la vitesse 4 et battre jusqu'à ce que le mélange soit humidifié.

Diviser la moitié de la pâte dans les moules à gâteau préparés et bien étendre jusqu'aux bords. Étaler 6 onces (½ pot) de tartinade **Smucker's** sur la pâte. Diviser le reste de la pâte dans les moules et couvrir de tartinade **Smucker's**. Faire cuire de 35 à 40 minutes ou jusqu'à ce que le dessus soit doré. Laisser refroidir dans les moules sur des grilles.

Entre temps, préparer la **garniture**. Combiner le sucre, ⅔ tasse de lait évaporé Pet, le beurre et l'œuf dans une casserole de 2 litres. Faire cuire sur feu moyen en remuant constamment jusqu'à ce que la préparation ait épaissi et commence à bouillir. Retirer du feu. En remuant, ajouter la noix de coco, les pacanes et la vanille. Étendre sur les gâteaux refroidis en divisant également le mélange. Faire griller à 4 pouces de l'élément chauffant pendant 1 à 2 minutes ou jusqu'à ce que le dessus soit doré.

PAR PORTION: ENVIRON 402 CALORIES, 5 G DE PROTÉINES, 52 G DE GLUCIDES, 20 G DE MATIÈRES GRASSES, 83 MG DE CHOLESTÉROL, 199 MG DE SODIUM

PET® GÂTEAU ROULÉ À LA CITROUILLE AVEC CRÈME DE VANILLE ET GLAÇAGE AU CARAMEL

THE DAIRY GOODNESS PEOPLE

DONNE: 10 PORTIONS

GÂTEAU

Shortening CRISCO® pour graisser le moule

¼ tasse de sucre à glacer

1 tasse de farine tout-usage PILLSBURY BEST®

2 c. à thé d'épices pour tarte à la citrouille

½ c. à thé de levure chimique

½ c. à thé de bicarbonate de sodium

4 œufs

¾ tasse de sucre granulé

1 tasse de conserve de citrouille sans jus

GARNITURE

⅔ tasse de lait évaporé PET®

3 tasses de sucre à glacer

⅔ bâtonnet CRISCO ou ⅔ tasse de shortening CRISCO

½ tasse (1 bâtonnet) de beurre non salé

3½ c. à soupe de vanille
Pincée de sel

1½ c. à thé d'épices pour tarte à la citrouille (facultatif)

GLAÇAGE

sirop à sundae au caramel SMUCKER'S®

¼ tasse d'amandes tranchées, rôties*

Préchauffer le four à 375°F. Passer le sucre à glacer au tamis au-dessus d'une grande et mince serviette de cuisine propre. Graisser un moule à gâteau roulé de 15×10×1 pouces de shortening **Crisco** ; tapisser le moule de papier ciré et graisser le papier de shortening **Crisco**. Combiner la farine **Pillsbury BEST**, les épices pour tarte à la citrouille, la levure chimique et le bicarbonate de sodium dans un petit bol.

Mettre les œufs dans le bol du batteur. Fixer le bol et le fouet fin au batteur. Régler à la vitesse 6 et battre les œufs jusqu'à ce qu'ils soient fermes. Ajouter graduellement le sucre et la citrouille. Arrêter le batteur et racler le bol. À la vitesse de brassage, ajouter graduellement le mélange de farine et bien remuer. Régler à la vitesse 6 et battre 1 minute de plus. Verser la pâte dans le moule préparé.

Faire cuire de 9 à 12 minutes ou jusqu'à ce qu'un cure-dent inséré au centre en sorte propre. Démouler immédiatement du gâteau et le renverser sur la serviette préparée. Retirer délicatement le papier ciré. Rouler le gâteau d'un bout étroit à l'autre. Laisser refroidir sur une grille de 30 à 40 minutes.

Entre temps, mettre les ingrédients de la **garniture** dans le bol du batteur. Fixer le bol et le fouet fin au batteur. Régler à la vitesse de brassage et mélanger jusqu'à ce que le sucre à glacer soit bien incorporé. Régler à la vitesse 8 et battre la garniture jusqu'à qu'elle soit ferme et mousseuse, soit environ de 10 à 12 minutes. Dérouler le gâteau ; étaler en une couche égale la garniture jusqu'aux rebords du gâteau. Rouler à nouveau le gâteau ; l'envelopper dans une pellicule de plastique et réfrigérer plusieurs heures avant de servir.

Avant de servir, verser le sirop **Smucker's** et parsemer des amandes rôties. Servir en tranches arrosées de sirop **Smucker's** additionnel.

* Pour faire rôtir les amandes, les faire sauter dans une poêle antiadhésive sèche sur feu moyen en remuant constamment jusqu'à ce qu'elles soient dorées.

PAR PORTION: ENVIRON 549 CALORIES, 6 G DE PROTÉINES, 69 G DE GLUCIDES, 28 G DE MATIÈRES GRASSES, 115 MG DE CHOLESTÉROL, 137 MG DE SODIUM

JIF GÂTEAU PAUSE-CAFÉ AU BEURRE D'ARACHIDE

DONNE: DE 16 PORTIONS

2½ tasse de farine tout-usage PILLSBURY BEST®, divisée	1½ tasse de cassonade bien tassée, divisée
¾ tasse de beurre d'arachide crémeux JIF®, divisé	¼ bâtonnet CRISCO® ou ¼ tasse de shortening CRISCO
2 c. à thé de levure chimique	2 c. à soupe de beurre ou margarine, fondu
½ c. à thé de bicarbonate de sodium	2 œufs
½ c. à thé de sel	1 tasse de lait

Préchauffer le four à 375° F. Mélanger 2 tasses de farine **Pillsbury BEST,** la levure chimique, le bicarbonate de sodium et le sel ; mettre de côté. Dans un bol séparé, mélanger ½ tasse de cassonade, ½ tasse de farine **Pillsbury BEST,** ¼ tasse de beurre d'arachide **Jif** et le beurre fondu jusqu'à l'obtention d'un mélange granuleux ; mettre de côté.

Mettre l'autre ½ tasse de beurre d'arachide **Jif** et le shortening **Crisco** dans le bol du batteur. Fixer le bol et le fouet plat au batteur. Régler à la vitesse 4 et battre jusqu'à ce que le mélange soit crémeux, soit environ 1 minute. Toujours à la vitesse 4, ajouter graduellement la tasse de cassonade. Arrêter le batteur et racler le bol.

Régler à la vitesse 2 et ajouter les œufs, un à la fois, en battant pendant environ 15 secondes après chaque ajout.

Régler à la vitesse 6 et battre jusqu'à ce que le mélange soit mousseux, environ 1 minute. Régler à la vitesse 2 et ajouter le mélange de farine et de levure chimique en alternant avec le lait. Battre après chaque ajout.

Verser la pâte dans un moule graissé de 13×9×2 pouces. Saupoudrer du mélange granuleux. Faire cuire de 30 à 35 minutes ou jusqu'à ce qu'un cure-dent inséré au centre en sorte propre. Laisser refroidir dans le moule sur une grille.

PAR PORTION : ENVIRON 216 CALORIES, 6 G DE PROTÉINES, 31 G DE GLUCIDES, 8 G DE MATIÈRES GRASSES, 5 MG DE CHOLESTÉROL, 204 MG DE SODIUM

PAM GÂTEAU D'ÉPICE EXPLOSION DE LIME

DONNE: 16 PORTIONS

GÂTEAU

PAM® pour aérosol de cuisson

2¼ tasses de farine tout-usage

1 c. à thé de bicarbonate de sodium

½ c. à thé de levure chimique

1½ c. à thé de cannelle moulue

1 c. à thé de gingembre moulu

¾ tasse de lait

2 œufs

1 tasse de mélasse

½ tasse (1 bâtonnet) de beurre ou margarine

⅓ tasse de sucre

GARNITURE EXPLOSION DE LIME

1 paquet (8 onces) de fromage à la crème, ramolli

1 c. à thé de zeste de lime

2 c. à soupe de jus de lime

1 œuf

⅓ tasse de sucre

1 c. à soupe d'amidon de maïs

Sauce surette chaude à la lime (recette qui suit)

Préchauffer le four à 350°F. Vaporiser un moule à cheminée de 10 pouces d'enduit antiadhésif **PAM®** ; mettre de côté. Combiner la farine, le bicarbonate de sodium, la levure chimique, la cannelle et le gingembre dans un petit bol ; mettre de côté. Fouetter le lait, les œufs et la mélasse dans un autre bol ; mettre de côté.

Mettre le beurre et le sucre dans le bol du batteur. Fixer le bol et le fouet plat au batteur. Régler à la vitesse 4 et battre jusqu'à l'obtention d'un mélange crémeux, soit environ 1 minute. Arrêter le batteur et racler le bol. Régler à la vitesse de brassage et ajouter un tiers du mélange de farine en alternant avec la moitié du mélange de lait et battre 20 secondes après chaque ajout. Arrêter le batteur et racler le bol. Régler à la vitesse 6 et battre jusqu'à ce que la préparation soit mousseuse, environ 1 minute. Verser la moitié de la pâte dans le moule préparé et l'autre moitié dans un bol propre.

Pour préparer la **garniture explosion de lime,** mettre tous les ingrédients dans le bol du batteur. Fixer le bol et le fouet plat au batteur. Régler à la vitesse 4 et battre jusqu'à ce que ce soit lisse, environ 1 minute.

À la cuillère, verser la **garniture explosion de lime** sur la pâte dans le moule et couvrir du reste de la pâte. Faire cuire 1 heure ou jusqu'à ce qu'un cure-dent inséré au centre en sorte propre. Laisser refroidir dans le moule déposé sur une grille pendant 4 minutes. Démouler et laisser complètement refroidir sur une assiette de service. Servir avec la **sauce surette chaude à la lime**.

SAUCE SURETTE À LA LIME

⅓ tasse plus 2 c. à soupe de sucre

2 c. à soupe d'amidon de maïs

1 tasse d'eau

2 c. à soupe de beurre ou margarine

1 c. à thé de zeste de lime

2 c. à soupe de jus de lime

Combiner le sucre et l'amidon de maïs dans une casserole moyenne. En fouettant, ajouter graduellement l'eau. Faire cuire sur feu moyen-élevé en brassant fréquemment jusqu'à ce que la sauce épaississe, soit environ 5 minutes. Retirer du feu et ajouter le reste des ingrédients. Servir immédiatement.

PAR PORTION: ENVIRON 330 CALORIES, 4 G DE PROTÉINES, 45 G DE GLUCIDES, 16 G DE MATIÈRES GRASSES, 45 MG DE CHOLESTÉROL, 270 MG DE SODIUM

PAM GÂTEAU STREUSEL

DONNE: 12 PORTIONS

GÂTEAU

PAM® pour aérosol de cuisson
- 1 tasse (2 bâtonnets) de margarine, ramollie
- 2 tasses de sucre granulé
- 4 œufs
- 1 boîte (15 onces) de citrouille sans jus
- 1½ tasse de crème sure
- 1 c. à thé de vanille
- 3 tasses de farine tout-usage, divisée
- 2 c. à thé de bicarbonate de sodium
- 2 c. à thé de cannelle moulue
- 1 c. à thé de sel
Sucre à glacer

GARNITURE STREUSEL AUX NOIX

- 1 tasse de farine tout-usage
- 1½ tasse de cassonade pâle, bien tassée
- ½ tasse (1 bâtonnet) de margarine, ramollie
- 1 c. à soupe de cannelle moulue
- 1½ tasse de noix hachées

Préchauffer le four à 350°F. Vaporiser généreusement un moule à cheminée de 10 pouces d'enduit antiadhésif **PAM®** ; mettre de côté.

Mettre la margarine et le sucre granulé dans le bol du batteur. Fixer le bol et le fouet plat au batteur. Régler à la vitesse 2 et mélanger jusqu'à l'obtention d'une consistance crémeuse, soit environ 2 minutes. Toujours à la vitesse 2, ajouter les œufs, deux à la fois, la citrouille, la crème sure et la vanille en battant environ 30 secondes après chaque ajout. Arrêter le batteur et racler le bol. Régler à la vitesse 4 et battre 1 minute. Réduire à la vitesse de brassage et ajouter graduellement la farine, le bicarbonate de sodium, la cannelle et le sel ; mélanger juste assez pour combiner les ingrédients. Transférer dans un grand bol.

Pour préparer la garniture streusel aux noix, mettre tous les ingrédients dans le bol du batteur. Fixer le bol et le fouet plat au batteur. Régler à la vitesse 2 et brasser jusqu'à ce que le mélange soit granuleux, environ 1 minute.

Étendre un tiers de la **garniture streusel aux noix** dans le fond du moule préparé. À la cuillère, verser un tiers de la pâte sur la garniture en étalant uniformément avec une spatule. Répéter les couches deux fois avec le reste de la garniture et de la pâte. Faire cuire 45 minutes ou jusqu'à ce qu'un cure-dent inséré au centre en sorte propre. Laisser refroidir dans le moule pendant 15 minutes ; démouler et renverser sur une grille. Laisser refroidir complètement. Saupoudrer de sucre à glacer avant de servir.

PAR PORTION: ENVIRON 759 CALORIES, 11 G DE PROTÉINES, 91 G DE GLUCIDES, 40 G DE MATIÈRES GRASSES, 96 MG DE CHOLESTÉROL, 628 MG DE SODIUM

PAM GÂTEAU AUX POIRES ET À L'AMARETTO

DONNE: 12 PORTIONS

PAM® pour aérosol de cuisson
- 1 tasse (2 bâtonnets) de beurre ou margarine, ramolli
- 2 tasses de sucre
- 1 c. à thé de vanille
- 1 c. à thé d'essence d'amande, divisé
- 4 œufs
- 1 boîte (15 onces) de poires en moitié dans un sirop léger, égouttées et en tranches fines, liquide réservé

3 tasses de farine auto-levante	**garniture à tarte**
¼ tasse de liqueur d'amaretto, divisée	**Glaçage mousseux à l'amaretto (voir la recette qui suit)**
1¾ tasse de lait	**Framboises fraîches**
1 paquet (3 onces) de pouding à la vanille française cuire et servir et mélange pour	**Feuilles de menthe fraîches**
	Amandes tranchées

Préchauffer le four à 350°F. Vaporiser un moule à charnière de 10 pouces d'enduit antiadhésif **PAM®** ; mettre de côté.

Mettre le beurre, le sucre, la vanille et ½ c. à thé d'essence d'amande dans le bol du batteur. Fixer le bol et le fouet plat au batteur. Régler graduellement à la vitesse 6 et battre jusqu'à ce que le mélange soit mousseux, environ 2 minutes. Arrêter le batteur et racler le bol. Régler à la vitesse 2 et ajouter les œufs, un à la fois, en mélangeant 15 secondes après chaque ajout. Arrêter le batteur et racler le bol. Mesurer le liquide des poires réservé et ajouter de l'eau pour obtenir 1 tasse. Régler à la vitesse 2 et incorporer un tiers de la farine en alternant avec la moitié du mélange de sirop et battre environ 20 secondes après chaque ajout. Ne pas trop battre. Verser la pâte dans le moule préparé et faire cuire de 60 à 70 minutes ou jusqu'à ce qu'un cure-dent inséré au centre en sorte propre. Laisser refroidir dans le moule déposé sur une grille.

Entre temps, combiner le lait et le mélange à pouding selon le mode d'emploi de l'emballage. Transférer dans un bol moyen, appuyer une pellicule de plastique sur la surface et laisser refroidir à température ambiante. Incorporer le reste de l'essence d'amande (½ c. à thé).

Démouler le gâteau et couper en deux à l'horizontale. Arroser chaque côté coupé de 2 c. à soupe de liqueur d'amaretto. Déposer une moitié du gâteau, le côté coupé vers le bas, sur une assiette de service. Disposer les tranches de poires sur la moitié du gâteau. À la cuillère, verser le mélange à pouding sur les poires. Recouvrir de la deuxième moitié du gâteau, le côté coupé vers le bas. Couvrir et réfrigérer au moins une heure. Étendre le **glaçage mousseux à l'amaretto** et garnir au goût avec les framboises, les feuilles de menthe et les amandes tranchées.

GLAÇAGE MOUSSEUX À L'AMARETTO

1 paquet (8 onces) de fromage à la crème, ramolli	1 tasse de pépites de chocolat blanc, fondu
3 c. à soupe de sucre à glacer	1 tasse de crème à fouetter, fouettée pour former des pics (voir la recette de crème fouettée, page 37)
2 c. à soupe de liqueur d'amaretto	

Mettre le fromage à la crème et le sucre à glacer dans le bol du batteur. Fixer le bol et le fouet plat au batteur. Régler à la vitesse 4 et battre jusqu'à ce que le mélange soit mousseux, environ 1½ minute. Arrêter le batteur et racler le bol. Régler à la vitesse 4 et ajouter graduellement la liqueur d'amaretto et le chocolat fondu ; battre jusqu'à ce que le mélange soit mousseux, environ 1 minute. À la main, replier délicatement la crème fouettée.

PAR PORTION: ENVIRON 750 CALORIES, 10 G DE PROTÉINES, 90 G DE GLUCIDES, 37 G DE MATIÈRES GRASSES, 120 MG DE CHOLESTÉROL, 720 MG DE SODIUM

PAM® GÂTEAU AUX NOISETTES ET ABRICOTS AVEC GLAÇAGE AU CHOCOLAT FONDANT

DONNE: 12 PORTIONS

GÂTEAU

PAM® pour aérosol de cuisson

2 tasses de farine tout-usage

1½ tasse de sucre granulé

1¼ c. à thé de bicarbonate de sodium

½ c. à thé de sel

1 tasse de lait

½ tasse (1 bâtonnet) de margarine, ramollie

1 c. à thé de vanille

2 œufs

4 carrés (1 once chacun) de chocolat non sucré, fondu

1 pot (16 onces) de confiture d'abricots

½ tasse plus 1 c. à soupe de rhum, divisé

1 tasse de noisettes hachées finement, divisées

GLAÇAGE AU CHOCOLAT FONDANT

2 carrés (1 once chacun) de chocolat mi-sucré pour la cuisson

¼ tasse (½ bâtonnet) de margarine

1 jaune d'œuf, légèrement battu

1 c. à soupe de lait

⅔ tasse de sucre à glacer, tamisé

Préchauffer le four à 350°F. Vaporiser généreusement deux moules à gâteau ronds de 9 pouces d'enduit antiadhésif **PAM®** ; mettre de côté.

Combiner les ingrédients secs dans le bol du batteur. Fixer le bol et le fouet plat au batteur. Régler à la vitesse 2 et mélanger environ 15 secondes. Ajouter le lait, la margarine et la vanille. Régler à la vitesse 2 et mélanger environ 1 minute. Arrêter le batteur et racler le bol. Ajouter les œufs et le chocolat fondu. Toujours à la vitesse 2, mélanger environ 30 secondes. Arrêter le batteur et racler le bol. Régler à la vitesse 6 et battre environ 1 minute. Séparer la pâte dans les deux moules préparés. Faire cuire 30 minutes ou jusqu'à ce qu'un cure-dent inséré au centre en sorte propre. Laisser refroidir dans les moules pendant 10 minutes ; démouler et laisser complètement refroidir sur des grilles.

Entre temps, en remuant fréquemment, faire fondre la confiture avec la moitié du rhum dans une petite casserole sur feu doux. Retirer du feu et laisser légèrement refroidir.

Trancher chaque gâteau en deux à l'horizontale. Déposer une moitié d'un gâteau, le côté coupé vers le bas, sur une assiette de service. Étaler un tiers de la préparation de confiture et parsemer d'un quart de tasse de noisettes. Répéter les couches deux fois puis recouvrir de la dernière moitié d'un gâteau, le côté tranché vers le bas.

Pour préparer le **glaçage au chocolat fondant**, faire fondre le chocolat et la margarine dans une casserole moyenne sur feux moyen-doux. En remuant, ajouter le jaune d'œuf, le lait et le reste du rhum (1 c. à soupe) ; faire cuire en brassant jusqu'à ce que la préparation soit lisse. Ajouter graduellement le sucre à glacer ; faire cuire en brassant jusqu'à ce que la préparation soit lisse. Retirer du feu et laisser refroidir environ 10 minutes. Verser sur le dessus de gâteau en laissant le glaçage couler sur les côtés. Parsemer du reste des noisettes (¼ tasse) ; réfrigérer 4 heures ou toute la nuit.

PAR PORTION: ENVIRON 581 CALORIES, 7 G DE PROTÉINES, 80 G DE GLUCIDES, 26 G DE MATIÈRES GRASSES, 56 MG DE CHOLESTÉROL, 356 MG DE SODIUM

MINI GÂTEAUX AU FROMAGE ET CHOCOLAT JIF®

DONNE: 12 PORTIONS

1 tasse de biscuits graham enrobés de chocolat finement émiettés

1 paquet (8 onces) de fromage à la crème, ramolli

1 paquet (3 onces) de fromage à la crème, ramolli

½ tasse de sucre

1 c. à thé de vanille

½ tasse de lait

2 œufs

⅓ tasse de beurre d'arachide crémeux JIF®

½ tasse de pépites de chocolat mi-sucré, fondu et légèrement refroidi

Préchauffer le four à 325°F. Tapisser 12 moules à muffins réguliers (2½ pouces) de moules en papier. Verser environ 1 c. à soupe de biscuits graham émiettés dans chaque moule et aplatir avec le fond d'un verre ; mettre de côté.

Mettre le fromage à la crème dans le bol du batteur. Fixer le bol et le fouet plat au batteur. Régler à la vitesse 4 et battre jusqu'à l'obtention d'une consistance lisse, environ 2 minutes. Arrêter le batteur et racler le bol. Ajouter le sucre et la vanille. Régler à la vitesse 6 et battre jusqu'à ce que le mélange soit lisse et léger, soit environ 1 minute. Arrêter le batteur et racler le bol. Régler à la vitesse 2 et ajouter graduellement le lait, puis les œufs, un à la fois, en battant 15 secondes après chaque ajout. Arrêter le batteur et racler le bol. Régler à la vitesse 4 et battre 30 secondes. Verser la moitié de la pâte dans un autre bol.

Ajouter le beurre d'arachide Jif à la pâte dans le bol du batteur. Régler à la vitesse 4 et bien mélanger, soit environ 1 minute. Verser la pâte au beurre d'arachide également dans les moules à muffins préparés. Remettre la pâte réservée dans le bol du batteur (ne pas laver le bol ni le batteur) et ajouter le chocolat fondu. Régler à la vitesse 4 et battre pour bien mélanger, environ 1 minute. Verser la pâte également dans les moules à muffins à moitié remplis pour couvrir le mélange de beurre d'arachide.

Faire cuire de 20 à 25 minutes ou jusqu'à ce que le centre soit presque pris. Laisser refroidir complètement sur des grilles. Garder couvert au réfrigérateur. Retirer les moules en papier avant de servir.

PAR PORTION: ENVIRON 255 CALORIES, 6 G DE PROTÉINES, 21 G DE GLUCIDES, 18 G DE MATIÈRES GRASSES, 65 MG DE CHOLESTÉROL, 151 MG DE SODIUM

TARTE SUPRÊME AU BEURRE D'ARACHIDE

DONNE: 8 PORTIONS (1 TARTE DE 9 POUCES)

1 ⅓ tasse de farine tout-usage PILLSBURY BEST®

½ c. à thé de sel

½ bâtonnet CRISCO® ou ½ tasse de shortening CRISCO, coupé en morceaux

3 c. à soupe d'eau froide

½ tasse plus ⅓ tasse d'arachides hachées

1 tasse de beurre d'arachide crémeux JIF®, divisé

½ tasse de sucre à glacer

½ tasse de crème moitié-moitié

1 boîte (14 onces) de lait condensé sucré

1 tasse de lait

1 paquet (3,4 onces) de pouding instantané à la vanille

Garniture au chocolat fondant SMUCKER'S® pour micro-ondes, chauffée selon le mode d'emploi de l'emballage.

Mettre la farine **Pillsbury BEST** et le sel dans le bol du batteur. Fixer le bol et le fouet plat au batteur. Régler à la vitesse de brassage et mélanger pendant environ 15 secondes. Ajouter le shortening **Crisco** ; régler à la vitesse de brassage et mélanger jusqu'à ce que les particules de shortening soient de la taille de pois. Toujours à la vitesse de brassage, ajouter l'eau, 1 c. à soupe à la fois, en mélangeant jusqu'à ce que la pâte soit humectée et commence à se tenir. Façonner la pâte en une boule et l'aplatir ; l'envelopper d'une pellicule de plastique. Laisser refroidir 15 minutes. Rouler la pâte à tarte et la glisser dans une assiette à tarte de 9 pouces.

Préchauffer le four à 400°F.

Placer ½ tasse d'arachides hachées, ½ tasse de beurre d'arachide Jif, le sucre à glacer et la crème moitié-moitié dans le bol du batteur. Fixer le bol et le fouet plat au batteur. Régler graduellement à la vitesse 4, en battant pour bien mélanger. Verser dans la pâte à tarte non cuite. Cuire au four de 20 à 25 minutes ou jusqu'à ce que la croûte soit dorée ; laisser refroidir complètement.

Entre temps, mettre l'autre demie tasse de beurre d'arachide **Jif** et le lait condensé sucré dans le bol du batteur. Fixer le bol et le fouet plat au batteur. Régler à la vitesse de brassage et bien mélanger. Arrêter le batteur et racler le bol. Ajouter le lait et le mélange de pouding. Régler graduellement à la vitesse 4 et battre pendant 2 minutes, en arrêtant le batteur pour racler le bol une fois. Verser le mélange sur la couche d'arachides refroidies et étendre jusqu'au bord de la croûte. Réfrigérer plusieurs heures avant de servir.

Au moment de servir, saupoudrer du reste des arachides hachées (⅓ tasse) et verser la garniture chaude **Smucker's**.

PAR PORTION: ENVIRON 789 CALORIES, 20 G DE PROTÉINES, 83 G DE GLUCIDES, 44 G DE MATIÈRES GRASSES, 31 MG DE CHOLESTÉROL, 574 MG DE SODIUM

PÂTE À TARTE KITCHENAID

DONNE: 8 PORTIONS (DEUX CROÛTES DE 8 OU 9 PO)

2¼ tasses de farine tout-usage	2 c. à soupe de beurre ou
¾ c. à thé de sel	margarine, bien froid
½ tasse de shortening, bien froid	5 à 6 c. à soupe d'eau froide

Mettre la farine et le sel dans le bol du batteur. Fixer le bol et le fouet plat au batteur. Régler à la vitesse d'agitation et mélanger 15 secondes. Couper le shortening et le beurre en morceaux et les ajouter au mélange de farine. Régler à la vitesse d'agitation et mélanger jusqu'à ce que les particules de shortening soient de la taille de petits pois, soit de 30 à 45 secondes. Continuer à la vitesse d'agitation, ajouter l'eau, 1 c. à soupe à la fois, en mélangeant jusqu'à ce que toutes les particules soient humidifiées et que la pâte commence à coller ensemble. Couper la pâte en deux. À la main, façonner chaque moitié en une boule lisse et l'aplatir légèrement. Envelopper d'une pellicule de plastique. Réfrigérer 15 minutes.

Rouler une moitié de pâte à une épaisseur de ⅛ po entre des feuilles de papier ciré. Plier la pâte en quatre. La glisser dans une assiette à tarte de 8 ou 9 po et la déplier, en appuyant fermement contre le fond et les parois.

Pour une tarte à une croûte: Replier le bord. Pincer la pâte si désiré. Ajouter la garniture de tarte choisie. Faire cuire selon les directives.

Pour une tarte à deux croûtes: Couper la pâte au ras du bord de l'assiette à tarte. Rouler la deuxième moitié de la pâte. Ajouter la garniture de tarte choisie. Recouvrir de la deuxième pâte à tarte. Sceller le bord. Pincer la pâte si désiré. Couper des fentes pour que la vapeur puisse s'échapper. Faire cuire selon les directives.

Pour un fond de pâtisserie cuit: Replier le bord. Pincer la pâte si désiré. Piquer les côtés et le fond à la fourchette. Faire cuire au four à 450°F de 8 à 10 minutes ou jusqu'à ce que ce soit doré. Laisser complètement refroidir sur une grille et garnir.

Autre méthode pour un fond de pâtisserie cuit: Replier le bord. Pincer la pâte si désiré. Garnir le fond de pâtisserie de papier d'aluminium. Remplir de poids à tarte ou d'haricots secs. Faire cuire au four à 450°F de 10 à 12 minutes ou jusqu'à ce que tous les bords soient légèrement dorés. Retirer les poids à tarte et le papier d'aluminium. Laisser complètement refroidir sur une grille et garnir.

PAR PORTION (UNE CROÛTE): ENVIRON 134 CALORIES, 2 G DE PROTÉINES, 13 G DE GLUCIDES, 8 G DE MATIÈRES GRASSES, 0 MG DE CHOLESTÉROL, 118 MG DE SODIUM.

PAR PORTION (DEUX CROÛTES): ENVIRON 267 CALORIES, 4 G DE PROTÉINES, 27 G DE GLUCIDES, 16 G DE MATIÈRES GRASSES, 0 MG DE CHOLESTÉROL, 236 MG DE SODIUM.

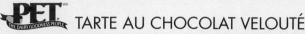 TARTE AU CHOCOLAT VELOUTÉ

DONNE: 8 PORTIONS

1½ tasse de sucre

3 c. à soupe de poudre de cacao non sucré

3 œufs

⅔ tasse de lait évaporé PET®

½ tasse (1 bâtonnet) de beurre ou margarine, fondu

1 c. à thé de vanille

1 pâte à tarte profonde (9 pouces) non cuite (voir la recette de pâte à tarte KitchenAid, page 107)

Garniture fouettée (facultative)

Préchauffer le four à 350°F. Faire chauffer une plaque à pâtisserie non graissée au four.

Mettre le sucre et la poudre de cacao dans le bol du batteur. Fixer le bol et le fouet fin au batteur. Régler à la vitesse de brassage et bien mélanger pendant environ 15 secondes. Toujours à la vitesse de brassage, ajouter graduellement les œufs, le lait évaporé **Pet**, le beurre fondu et la vanille et bien mélanger pendant environ 1 minute. Arrêter le batteur et racler le bol. Régler à la vitesse 6 et battre jusqu'à l'obtention d'un mélange lisse et plus épais, soit environ 2 minutes.

Verser sur la croûte préparée. Déposer l'assiette à tarte sur la plaque à pâtisserie préchauffée et faire cuire de 55 à 60 minutes ou jusqu'à ce que le centre ait gonflé et que la tarte ait pris. Laisser refroidir complètement sur une grille. Recouvrir de garniture fouettée si désiré.

PAR PORTION: ENVIRON 566 CALORIES, 8 G DE PROTÉINES, 21 G DE GLUCIDES, 30 G DE MATIÈRES GRASSES, 124 MG DE CHOLESTÉROL, 370 MG DE SODIUM

GÂTEAU SANS FARINE AU MOKA ET AUX FRAMBOISES AVEC CRÈME CHANTILLY

DONNE: 8 PORTIONS

Aerosol de cuisson

1 c. à thé de café espresso instantané ou de cristaux de café séchés congelés

1 c. à soupe d'eau

1 paquet (16 onces) de pépites de chocolat mi-sucré

½ tasse (1 bâtonnet) de beurre non salé

¼ tasse de sucre granulé

4 œufs à température ambiante, séparés

1 tasse de crème à fouetter froide

½ c. à thé de vanille

2 c. à soupe de sucre à glacer

½ tasse de confiture aux framboises sans pépins SMUCKER'S®

Préchauffer le four à 350°F. Graisser le fond et la paroi d'un moule à charnière de 8 pouces de aerosol de cuisson ; mettre de côté.

En remuant, dissoudre la poudre de café espresso dans l'eau ; mettre de côté.

Faire fondre les pépites de chocolat et le beurre dans une casserole moyenne sur feu moyen. Bien mélanger et retirer du feu. Ajouter le sucre. En battant, incorporer les jaunes d'œufs, un à la fois, avec une cuillère en bois. Ajouter le café espresso et l'eau et bien mélanger.

Mettre les blancs d'œufs gardés à température ambiante dans le bol propre du batteur. Fixer le bol et le fouet fin au batteur. Régler graduellement à la vitesse 8. Fouetter jusqu'à la formation de pics fermes. Arrêter le batteur et retirer le bol. En repliant la préparation à l'aide d'une grande spatule en caoutchouc, ajouter ⅓ du mélange de chocolat à la fois en remuant délicatement jusqu'à ce qu'il n'y ait plus de filets blancs. Verser la pâte dans le moule préparé et lisser le dessus. Faire cuire de 27 à 33 minutes ou jusqu'à ce que les rebords soient gonflés ; laisser refroidir sur une grille pendant 30 minutes. Couvrir et réfrigérer.

Pour préparer la **crème Chantilly**, verser la crème à fouetter froide et la vanille dans le bol refroidi du batteur. Fixer le bol et le fouet fin au batteur. Régler graduellement à la vitesse 8. Ajouter le sucre à glacer et fouetter jusqu'à ce que la crème forme des pics fermes une fois le fouet fin retiré.

Au moment de servir, mettre la confiture **Smucker's** dans un sac en plastique refermable. Faire chauffer au four à micro-ondes à puissance ÉLEVÉE pendant 10 secondes. Pétrir le sac et répéter jusqu'à ce que la confiture soit liquide. Découper un coin du sac en plastique et verser la confiture fondue sur chaque portion. Garnir de **crème Chantilly**.

PAR PORTION: ENVIRON 601 CALORIES, 6 G DE PROTÉINES, 58 G DE GLUCIDES, 43 G DE MATIÈRES GRASSES, 179 MG DE CHOLESTÉROL, 54 MG DE SODIUM

PET® CHOUX À LA CRÈME FOURRÉS AU CHOCOLAT

DONNE: 12 PORTIONS

1 tasse d'eau
½ tasse (1 bâtonnet) de beurre
½ c. à thé de sel
1 tasse de farine tout-usage **PILLSBURY BEST®**
4 œufs
Sucre à glacer (facultatif)

GARNITURE AU CHOCOLAT

¾ tasse de sucre granulé
⅓ tasse d'amidon de maïs
½ c. à thé de sel
1 boîte (12 onces) de lait évaporé **PET®**

1⅓ tasse d'eau
2 onces de chocolat non sucré, haché gros
¾ tasse de pépites de chocolat mi-sucré
1 c. à soupe de vanille

SAUCE CHAUDE AU CHOCOLAT FONDANT

½ tasse de pépites de chocolat mi-sucré
⅓ tasse de lait évaporé PET®
2 c. à soupe de sucre granulé

Préchauffer le four à 400°F.

Dans une casserole de 1½ litres, faire bouillir l'eau, le beurre et le sel sur feu élevé. Réduire le feu et ajouter rapidement la farine **Pillsbury BEST** en brassant vigoureusement à l'aide d'une cuillère en bois jusqu'à ce que la préparation ne colle plus aux parois de la casserole et forme une boule.

Mettre la préparation dans le bol du batteur. Fixer le bol et le fouet plat au batteur. Régler à la vitesse 2 et ajouter les œufs un à la fois, en battant 30 secondes après chaque ajout. Arrêter le batteur et racler le bol. Régler à la vitesse 4 et battre 15 secondes.

Sur des tôles à biscuits graissées, déposer ¼ tasse rase de pâte à 2 pouces de distance de manière à former 12 boules. Faire cuire de 30 à 35 minutes ou jusqu'à ce que les choux soient dorés et gonflés. Laisser refroidir légèrement sur des grilles, puis couper en deux à l'horizontale à l'aide d'un couteau dentelé. Gratter légèrement l'intérieur des choux avec une fourchette pour retirer la pâte molle et laisser refroidir complètement sur des grilles.

Entre temps, préparer la **garniture au chocolat**. Combiner le sucre granulé, l'amidon de maïs et le sel dans une grande casserole. En remuant, ajouter graduellement le lait évaporé **Pet** et l'eau. Incorporer le chocolat non sucré. Faire cuire sur feu moyen en raclant fréquemment le fond de la casserole à l'aide d'une spatule plate jusqu'à ce que la préparation soit très épaisse et que le chocolat soit complètement fondu. Laisser mijoter pendant une minute complète en remuant constamment. Retirer du feu et ajouter les pépites de chocolat et la vanille. Remuer jusqu'à ce que les pépites soient complètement fondues. Verser dans un bol moyen et couvrir ; réfrigérer au moins 4 heures ou toute la nuit.

Entre temps, préparer la **sauce chaude au chocolat fondant**. Mettre tous les ingrédients dans une casserole à fond épais et faire chauffer sur feu doux en remuant constamment jusqu'à ce que le chocolat soit fondu.

Pour servir, remplir la moitié inférieure des choux à la crème d'environ ⅓ tasse de **garniture au chocolat**. Replacer le dessus des choux sur la garniture. Saupoudrer légèrement de sucre à glacer (si désiré), puis arroser de **sauce chaude au chocolat fondant**.

PAR PORTION : ENVIRON 363 CALORIES, 7 G DE PROTÉINES, 42 G DE GLUCIDES, 20 G DE MATIÈRES GRASSES, 102 MG DE CHOLESTÉROL, 36 MG DE SODIUM

SECRETS AU BEURRE D'ARACHIDE

1 bâtonnet à saveur de beurre CRISCO® ou 1 tasse de shortening à saveur de beurre CRISCO et un peu plus pour graisser les plaques à pâtisserie

¾ tasse de cassonade, bien tassée

½ tasse de sucre granulé

½ tasse de beurre d'arachide crémeux JIF®

1 œuf

1 c. à thé de vanille

2 tasses de farine tout-usage PILLSBURY BEST®

1 c. à thé de bicarbonate de sodium

½ c. à thé de sel

1 paquet (13 onces) de moules miniatures au beurre d'arachide enrobés de chocolat

GLAÇAGE AU BEURRE D'ARACHIDE

1 c. à thé de shortening à saveur de beurre CRISCO

1 tasse de pépites de chocolat mi-sucré

2 c. à soupe de beurre d'arachide crémeux JIF

Préchauffer le four à 375°F. Graisser la plaque à pâtisserie de shortening **Crisco** ; mettre de côté.

À l'aide du fouet plat, combiner le shortening **Crisco**, la cassonade, le sucre granulé et le beurre d'arachide **Jif** dans le bol du batteur. Régler graduellement à la vitesse 4 ; bien mélanger. Racler le bol puis ajouter l'œuf et la vanille. Battre 1 minute de plus à la vitesse 4. Combiner la farine **Pillsbury BEST**, le bicarbonate de sodium et le sel. Régler le batteur à la vitesse de brassage ; ajouter graduellement les ingrédients secs et bien mélanger.

À l'aide d'une cuillère à thé, enrober complètement chaque moule miniature au beurre d'arachide de pâte. Disposer les friandises sur les plaques à pâtisserie préparées à 2 pouces l'une de l'autre. Faire cuire de 8 à 10 minutes ou jusqu'à ce que les biscuits soient légèrement dorés. Laisser refroidir les biscuits sur une grille.

Pour faire le **glaçage au beurre d'arachide**, combiner le shortening **Crisco,** les pépites de chocolat et le beurre d'arachide **Jif** dans une tasse allant au four à micro-ondes. Faire chauffer au four à micro-ondes à puissance MOYENNE pendant 1 minute ; brasser. Répéter jusqu'à l'obtention d'un mélange lisse (ou faire fondre dans une casserole sur feu moyen en remuant fréquemment). À l'aide d'une cuillère, verser sur les biscuits et étaler pendant que le glaçage soit encore chaud.

PAR PORTION: ENVIRON 211 CALORIES, 3 G DE PROTÉINES, 22 G DE GLUCIDES, 12 G DE MATIÈRES GRASSES, 6 MG DE CHOLESTÉROL, 124 MG DE SODIUM

 ## CARRÉS DE GÂTEAU AU FROMAGE AU CITRON ET AUX FRAMBOISES

DONNE: 32 CARRÉS

CROÛTE

- ¾ bâtonnet à saveur de beurre CRISCO® ou ¾ tasse de shortening à saveur de beurre CRISCO et un peu plus pour graisser le moule
- ⅓ tasse de cassonade, bien tassée
- 1¼ tasse de farine tout-usage PILLSBURY BEST®
- 1 tasse d'avoine non cuit à cuisson rapide ou à l'ancienne
- ¼ c. à thé de sel

GARNITURE

- 1 pot (12 onces) de confiture aux framboises rouges sans pépins SMUCKER'S®
- 2 paquets (8 onces chacun) de fromage à la crème, ramolli
- ¾ tasse de sucre granulé
- 2 c. à soupe de farine tout-usage PILLSBURY BEST
- 2 œufs
- 3 c. à soupe de jus de citron
- 2 c. à thé de zeste de citron

Préchauffer le four à 350°F. Graisser un moule de 13×9 pouces avec le shortening Crisco ; mettre de côté.

Pour faire la **croûte**, mettre ¾ tasse de shortening **Crisco** et la cassonade dans le bol du batteur. Fixer le bol et le fouet plat au batteur. Régler à la vitesse 4 et battre jusqu'à ce que le mélange soit crémeux, environ 1 minute. Arrêter le batteur et racler le bol. Régler à la vitesse de brassage et ajouter graduellement 1¼ tasse de farine **Pillsbury BEST**, l'avoine et le sel en brassant pendant 1 minute. Appuyer la préparation dans le fond du moule préparé. Faire cuire pendant 20 minutes ou jusqu'à ce que le dessus soit uniformément doré. Sortir du four et étendre immédiatement la confiture **Smucker's** en une couche égale sur la croûte encore chaude ; mettre de côté.

Pour préparer la **garniture**, mettre le fromage à la crème, le sucre granulé et 2 c. à soupe de farine **Pillsbury BEST** dans le bol du batteur. Fixer le bol et le fouet plat au batteur. Régler à la vitesse 6 et battre jusqu'à ce que le mélange soit lisse, environ 1 minute. Arrêter le batteur et racler le bol. Régler à la vitesse 2 et ajouter les œufs, un à la fois, en battant pendant environ 15 secondes après chaque ajout. Arrêter le batteur et racler le bol. Ajouter le jus de citron et le zeste. Régler à la vitesse 4 et battre pour bien mélanger, environ 1 minute. Verser la préparation sur la couche de confiture **Smucker's.** Faire cuire à 350°F pendant 25 minutes ou jusqu'à ce que les carrés soient pris. Laisser refroidir à la température ambiante dans le moule déposé sur une grille.

PAR PORTION: ENVIRON 165 CALORIES, 2 G DE PROTÉINES, 17 G DE GLUCIDES, 10 G DE MATIÈRES GRASSES, 29 MG DE CHOLESTÉROL, 66 MG DE SODIUM

ꜱᴍᴜᴄᴋᴇʀ'ꜱ BISCUITS À LA MARMELADE D'ORANGES

DONNE: 5 DOUZAINES DE BISCUITS

2 tasses de sucre granulé

½ bâtonnet à saveur de beurre CRISCO® ou ½ tasse de shortening à saveur de beurre CRISCO

2 œufs

1 tasse de crème sûre

½ tasse de marmelade d'oranges sucrée SMUCKER'S®

4 tasses de farine tout-usage PILLSBURY BEST®

2 c. à thé de levure chimique

1 c. à thé de bicarbonate de sodium

1 c. à thé de zeste d'orange

½ c. à thé de sel

GLAÇAGE

3 tasses de sucre à glacer

½ tasse (1 bâtonnet) de beurre ou margarine, ramolli

¼ tasse de marmelade d'oranges sucrée SMUCKER'S

Jus d'orange

Préchauffer le four à 400°F.

Combiner le sucre, le shortening **Crisco** et les œufs dans le bol du batteur. Fixer le bol et le fouet plat au batteur. Régler à la vitesse 4 et battre pour bien mélanger. Arrêter le batteur et ajouter la crème sûre et ½ tasse de marmelade **Smucker's** ; régler à la vitesse 4 et bien mélanger. Arrêter le batteur et racler le bol. Combiner la farine **Pillsbury BEST,** la levure chimique, le bicarbonate de sodium, le zeste et le sel dans un bol séparé. Régler le batteur à la vitesse de brassage et incorporer graduellement les ingrédients secs. Arrêter le batteur et racler le bol. Régler à la vitesse 4 et bien mélanger. Laisser refroidir la pâte. À l'aide d'une cuillère à thé, déposer sur des plaques à pâtisserie graissées. Faire cuire de 8 à 10 minutes ; laisser refroidir sur une grille.

Pour préparer le **glaçage**, combiner le sucre à glacer, le beurre et ¼ tasse de marmelade **Smucker's** dans le bol du batteur. Fixer le bol et le fouet plat au batteur. Régler à la vitesse de brassage ; bien mélanger. Arrêter le batteur et racler le bol. Toujours à la vitesse de brassage, ajouter le jus d'orange, 1 c. à thé à la fois, jusqu'à ce que le glaçage se tienne. Régler à la vitesse 4 et battre environ 1 minute ou jusqu'à l'obtention d'une consistance lisse. Tartiner sur les biscuits refroidis.

PAR PORTION: ENVIRON 126 CALORIES, 1 G DE PROTÉINES, 22 G DE GLUCIDES, 4 G DE MATIÈRES GRASSES, 13 MG DE CHOLESTÉROL, 74 MG DE SODIUM

BISCUITS GIVRÉS AUX RAISINS SECS ET AUX FLOCONS D'AVOINE

DONNE: 4 DOUZAINES DE BISCUITS

- 1 bâtonnet à saveur de beurre CRISCO® ou 1 tasse de shortening à saveur de beurre CRISCO et un peu plus pour graisser les tôles à biscuits
- 2 tasses de farine tout-usage PILLSBURY BEST®
- 1 c. à thé de bicarbonate de sodium
- ½ c. à thé de clou de girofle moulu
- ¼ c. à thé de sel
- ¼ c. à thé de cannelle moulue
- ¼ c. à thé de muscade moulue

- 1 tasse de cassonade, bien tassée
- 1 c. à thé de vanille
- 2 œufs
- ⅔ tasse de lait évaporé PET®
- 1 c. à thé de café espresso instantané en poudre ou de cristaux de café instantané
- 1 tasse de raisins secs
- 1 tasse de flocons d'avoine à cuisson rapide, non cuits
  Glaçage spécial au café (recette qui suit)

Préchauffer le four à 350°F. Graisser les tôles à biscuits de shortening **Crisco**. Combiner la farine **Pillsbury BEST,** le bicarbonate de sodium, le clou de girofle, le sel, la cannelle et la muscade dans un bol moyen ; mettre de côté.

Combiner 1 tasse de shortening **Crisco,** la cassonade et la vanille dans le bol du batteur. Fixer le bol et le fouet plat au batteur. Régler à la vitesse 4 et battre jusqu'à l'obtention d'un mélange léger et mousseux. Arrêter le batteur et racler le bol. Régler à la vitesse de brassage et ajouter les œufs un à la fois. Arrêter le batteur et racler le bol.

Mélanger ensemble le lait évaporé **Pet** et la poudre de café espresso instantané dans un petit bol jusqu'à ce que le café soit complètement dissous.

Régler le batteur à la vitesse de brassage. En alternant, ajouter la préparation de lait évaporé Pet et le mélange de farine au bol du batteur. Arrêter le batteur et racler le bol. Régler à la vitesse 4 et battre pendant 1 minute. Remettre le batteur à la vitesse de brassage ; incorporer les raisins secs et les flocons d'avoine et bien mélanger pendant environ 1 minute.

À l'aide d'une cuillère à thé, déposer la pâte sur les tôles à biscuits préparées. Faire cuire de 9 à 11 minutes ou jusqu'à ce que les biscuits soient légèrement dorés. Laisser refroidir complètement ; étaler le **glaçage spécial au café**.

GLAÇAGE SENSATIONNEL AU CAFÉ

- ¼ tasse de lait évaporé PET®
- 1 c. à thé de café espresso instantané en poudre ou de cristaux de café instantané
- 2¼ tasses de sucre à glacer

- ¼ tasse (½ bâtonnet) de beurre ou margarine, ramolli
- 1 c. à thé de vanille
- ¾ c. à thé de cannelle moulue

Mélanger le lait évaporé **Pet** et la poudre de café espresso instantané dans le bol du batteur jusqu'à ce que le café soit complètement dissous. Ajouter le reste des ingrédients. Fixer le bol et le fouet plat au batteur. Régler à la vitesse 4 et battre jusqu'à ce que les ingrédients soient bien mélangés. Arrêter le batteur et racler le bol. Régler à la vitesse 4 et battre 1 minute de plus ou jusqu'à la consistance désirée.

PAR BISCUIT: ENVIRON 129 CALORIES, 1 G DE PROTÉINES, 18 G DE GLUCIDES, 6 G DE MATIÈRES GRASSES, 13 MG DE CHOLESTÉROL, 56 MG DE SODIUM

BISCUITS IRRÉSISTIBLES AU BEURRE D'ARACHIDE

DONNE: 3 DOUZAINES DE BISCUITS

1¾ tasse de farine tout-usage PILLSBURY BEST®	½ bâtonnet CRISCO® ou ½ tasse de shortening CRISCO
¾ c. à thé de sel	1¼ tasse de cassonade pâle, bien tassée
¾ c. à thé de bicarbonate de sodium	3 c. à soupe de lait
¾ tasse de beurre d'arachide crémeux JIF®	1 c. à soupe de vanille
	1 œuf

Préchauffer le four à 375°F. Combiner la farine **Pillsbury BEST,** le sel et le bicarbonate de sodium dans un petit bol ; mettre de côté.

Mettre le beurre d'arachide **Jif**, le shortening **Crisco,** la cassonade, le lait et la vanille dans le bol du batteur. Fixer le bol et le fouet plat au batteur. Régler à la vitesse 2 et bien mélanger, soit environ 1 minute. Arrêter le batteur et racler le bol. Ajouter l'œuf. Régler à la vitesse 2 et battre pour bien mélanger, environ 30 secondes.

Régler à la vitesse de brassage et ajouter graduellement le mélange de farine.

À l'aide d'une cuillère à thé, déposer la pâte sur des plaques à pâtisserie non graissées en laissant 2 pouces entre chaque biscuit. Aplatir légèrement avec le dos d'une fourchette de manière à obtenir un motif entrecroisé. Faire cuire de 7 à 8 minutes ou jusqu'à ce que les biscuits soient pris et dorés.

PAR BISCUIT: ENVIRON 111 CALORIES, 2 G DE PROTÉINES, 13 G DE GLUCIDES, 6 G DE MATIÈRES GRASSES, 6 MG DE CHOLESTÉROL, 105 MG DE SODIUM

TARTALETAS DE HONGO-CEBOLLA

RENDIMIENTO: 24 TARTALETAS

4   onzas de queso crema light

3   cucharadas de mantequilla
o margarina, divididas

¾   taza más 1 cucharadita de
harina para todo uso

8   onzas de hongos frescos,
picados en trozos grandes

½   taza de cebolla verde picada

1   huevo

¼   cucharadita de hojas de tomillo
secas

½   taza de queso suizo rayado

Coloque el queso crema y 2 cucharadas de mantequilla en el tazón para mezclar.
Instale el tazón y la batidora plana en la mezcladora. Pase a la Velocidad
4 y mezcle durante aproximadamente 1 minuto. Pare y raspe el tazón. Agregue
¾ taza de harina. Pase a la Velocidad 2 y mezcle durante aproximadamente
1 minuto, o hasta que los ingredientes se mezclen bien. Forme una bola con la
mezcla. Envuélvala en papel encerado y refrigérela durante 1 hora. Limpie el tazón
para mezclar y la batidora.

Divida la masa refrigerada en 24 porciones. Presione cada porción dentro de un
molde de muffin en miniatura (engrasado, si se desea).

Mientras tanto, derrita la cucharada de mantequilla restante en una sartén de
10 pulgadas sobre fuego medio. Agregue los hongos y las cebollas. Cocine
y revuelva hasta que se suavice. Quite del calor. Deje que se enfríe un poco.

Coloque el huevo, la cucharada de harina restante, y el tomillo en el tazón para
mezclar. Instale el tazón y la batidora plana en la mezcladora. Pase a la Velocidad
6 y mezcle durante aproximadamente 30 segundos. Agregue la mezcla de queso
con hongos refrigerados mientras la revuelve. Colocar con una cuchara en los
moldecitos de muffin con revestimiento de repostería. Hornee a 375°F de
15 a 20 minutos, o hasta que la mezcla de huevo se infle y se dore. Sirva caliente.

POR PORCIÓN: (2 TARTALETAS) APROXIMADAMENTE 98 CAL, 4 G PRO, 8 G CARB,
6 G GRASA, 33 MG COL, 83 MG SOD

PAM BOLLITOS DE CARNE CON QUESO FÁCILES DE HACER

ESPAÑOL

RENDIMIENTO: 6 PORCIONES

- 2 tazas de kétchup HUNT'S®
- 2 cucharada de mostaza GULDEN'S® Spicy Brown Mustard
- 2 cucharadas de azúcar morena
- 2 libras de carne des res magra molida
- 2 huevos, batidos

- 1 sobre (aproximadamente 1 onza) de sopa deshidratada de cebolla
- 1 taza de pan molido
- 1 taza de queso Cheddar fuerte rallado

  Aerosol de cocina antiadherente PAM® Original No-Stick Cooking Spray

Ponga el kétchup **Hunt's®**, la mostaza **Gulden's®** y la azúcar morena en el tazón de la batidora. Instale el batidor plano y coloque el tazón en la batidora.

Enciéndala en la velocidad 2 y mezcle hasta que se disuelva el azúcar, aprox. por 30 segundos. Retire una taza de la salsa y reserve.

Agregue los ingredientes restantes a la batidora. En la velocidad 2, mezcle hasta combinar bien los ingredientes (aproximadamente por 1 minuto). Divida la mezcla en 6 porciones iguales (aprox. 1 taza de mezcla por porción) y déles forma de bollos de 5×2½×1 pulgadas. Coloque los bollos en una bandeja para hornear de 13×9×2 pulgadas previamente rociada con **PAM®**. Hornee a 375°F durante 40 mins. Retire los bollos del horno y coloque aprox. 2½ cucharadas de la salsa de kétchup reservada sobre cada uno. Devuelva los bollos al horno y hornee durante 10 mins. más. Deje que reposen 5 mins. antes de servir.

POR PORCIÓN: APROXIMADAMENTE 529 CAL, 42 G PRO, 40 G CARB, 23 G GRASA, 146 MG COL, 1589 MG SOD

FOR THE WAY IT'S MADE.™

PAM. MUFFINS DE CANELA Y ARÁNDANO

RENDIMIENTO: 18 MUFFINS

- ½ **taza de producto de huevo EGG BEATERS®**
- 1½ **tazas de leche descremada**
- ½ **taza (1 barra), más 1 cucharada, de margarina, derretida y dividida**
- 3 **tazas de harina**
- 1 **taza, más 2 cucharadas, de azúcar, dividida**

- 2 **cucharadas de polvo para hornear**
- 1 **cucharadita de cáscara de limón rallada**
- 2 **tazas de arándanos (frescos o congelados), enjuagados y escurridos**

  Aerosol para hornear PAM® for Baking
- ¼ **de cucharadita de canela molida**

Mezcle el **Egg Beaters®**, la leche y ½ taza de margarina derretida en el tazón de la batidora. Instale el batidor plano y coloque el tazón en la batidora. Enciéndala en la velocidad 4 y mezcle hasta combinar bien los ingredientes, aprox. por 30 segundos. Mezcle la harina, 1 taza de azúcar, el polvo para hornear y la cáscara de limón, y agregue estos ingredientes al tazón.

Bata en la velocidad 2 sólo hasta que se incorporen los ingredientes, como 15 segundos. Agregue los arándanos y bata en la velocidad de mezclado (Stir), hasta incorporar los arándanos, como unos 15 segundos.

Aplique una capa de aerosol para hornear **PAM® For Baking** generosamente en 18 moldes de muffins (de 2½ pulgadas), y vierta una cucharada de la mezcla en cada molde. Hornee a 400°F entre 24 y 26 minutos, o hasta que al insertar un palillo de madera cerca de los centros, éste salga limpio.

Mezcle bien las 2 cucharadas de azúcar restantes con la canela en un tazón pequeño.

Barnice la parte superior de cada muffin con la cucharada de margarina restante y luego espolvoree con la mezcla de azúcar y canela. Sírvalos tibios.

POR PORCIÓN: APROXIMADAMENTE 202 CAL, 4 G PRO, 32 G CARB, 7 G GRASA, 1 MG COL, 73 MG SOD

PAM BOLLOS CON SEMILLITAS

ESPAÑOL

- 2 sobres de levadura seca de crecimiento rápido
- ⅓ taza más ¼ de cucharadita de azúcar, dividida
- 1 taza de agua tibia (105°F a 115°F)
- ⅔ taza de leche entera a temperatura ambiente
- ¼ de taza de aceite de canola
- 1 huevo
- 1 cucharada de semillas de amapola (popy seeds)

- 2½ cucharaditas de sal
- 5⅓ tazas de harina para todo propósito, divididas
- 1 taza (2 barras) de mantequilla sin sal bien fría, cortada en rebanadas delgadas

  Aerosol de cocina anitadherente PAM® Original No-Stick Cooking Spray
- 3 cucharadas de mantequilla sin salar, derretida

  Semillas de amapola

Disuelva la levadura y ¼ de cucharadita de azúcar en agua tibia en el tazón de la batidora, previamente calentado. Deje que repose hasta que la mezcla quede ligeramente espumosa. Instale el utensilio para amasar y coloque el tazón en la batidora. Enciéndala en la velocidad 2 y agregue la leche, el aceite, el huevo, ⅓ de taza del azúcar restante, 1 cucharada de semillas de amapola y la sal. Mezcle hasta que se combine bien, durante unos 30 segundos. Continuando en la velocidad 2, agregue gradualmente 1 taza de harina a la mezcla y mezcle hasta que ésta quede uniforme, aprox. por 1 min. Pare la batidora y limpie hacia abajo los lados del tazón con una espátula.

En el procesador de alimentos, mezcle 4 tazas de harina y la mantequilla fría y procese hasta que la mezcla parezca tener una textura gruesa. Agregue a la mezcla en el tazón de la batidora. Encienda en la velocidad 2 y mezcle hasta que se incorporen los ingredientes secos.

Amase en la velocidad 2 hasta que quede uniforme, aproximadamente por 2 minutos más, agregando ⅓ de taza de harina más, como máximo, si la masa permanece pegajosa. Retire el tazón de la batidora.

Cúbralo con toallas y deje que fermente en un lugar tibio durante 30 minutos, o hasta que el volumen de la masa casi se duplique.

Aplique una capa de aerosol de cocina **PAM®** a 2 moldes para muffins (de 12 unidades cada uno). Ponga la masa sobre una superficie enharinada; amase durante 4 minutos hasta que la masa quede uniforme y elástica.

Divida la masa en 4 porciones iguales. Coloque 1 porción en la superficie enharinada; cubra y refrigere las porciones restantes. Aplánela hasta formar un rectángulo de 12×12×⅛ pulgadas. Corte la masa longitudinalmente hasta crear 6 tiras (de 2 pulgadas cada una). Apile las tiras para formar 6 capas. Corte la pila en 6 porciones iguales, cada una de aproximadamente 2 pulgadas cuadradas.

Coloque cada pila en los moldes de muffins previamente preparados justo en una orilla de cada molde, con el lado cortado hacia abajo. Repita el procedimiento con las secciones de masa restantes. Cubra con una toalla y deje que fermente en un lugar tibio durante 30 mins., o hasta que el volumen de la masa casi se duplique.

Barnice la parte superior de los bollos con la mantequilla derretida y espolvoree con las semillas de amapola. Hornee a **350°F** durante 25 minutos en el tercio superior del horno, cambiando la posición de los moldes a la mitad del tiempo de cocción. Enfríe en los moldes de 7 a 10 minutos, y luego desmóldelos y colóquelos sobre una rejilla. Sírvalos tibios.

POR PORCIÓN: APROXIMADAMENTE 223 CAL, 4 G PRO, 25 G CARB, 12 G GRASA, 34 MG COL, 230 MG SOD

 DELICIOSOS PANECILLOS CON FRUTAS

- 1 taza de avena tradicional o instantánea sin cocinar
- ½ taza de PILLSBURY BEST® All-Purpose Flour
- ½ taza de Integral PILLSBURY® Whole Wheat Flour
- 1 taza de azúcar morena oscura, empacada firmemente
- 1 cucharada de polvo para hornear
- 2 cucharaditas de canela molida
- ¼ cucharadita de sal
- ⅛ cucharadita de clavo molido

- ¼ taza de CRISCO®* Vegetable Oil
- 1 huevo
- 1⅓ tazas de SMUCKER'S® Low-Sugar o Sugar Free Apricot Preserves, divididas
- ½ taza de trozos de fruta seca mezclada (manzanas, albaricoques, dátiles)
- 1 taza de banana madura molida (aproximadamente dos bananas medianas)

*O use su Aceite Crisco favorito

Precaliente el horno a 400°F. Revista 12 tazas de panecillos medianas con revestimientos de aluminio o papel; colóquelas a un lado.

Combine la avena, la Harina para Todo Propósito **Pillsbury BEST**, la Harina de Trigo Integral **Pillsbury,** el azúcar morena, el polvo para hornear, la canela, la sal, el clavo, y el Aceite **Crisco** en el tazón de mezclado. Coloque el tazón y el batidor plano en la mezcladora. Pase a la Velocidad de Mezclado y mezcle hasta que se formen migajas gruesas. Pare la mezcladora y agregue el huevo, 1 taza de Mermelada **Smucker's**, la fruta seca y las bananas. Pase gradualmente a la Velocidad 2, mezclando sólo hasta que los ingredientes se combinen. Llene las tazas de panecillos hasta dejarlas casi llenas. Hornee de 20 a 25 minutos o hasta que un palillo de dientes insertado en el centro salga limpio al retirarlo; deje que se enfríe.

Caliente el tercio de taza restante de Mermelada **Smucker's** en el microondas en HIGH durante 20 segundos; unte en la parte superior de los panecillos enfriados.

POR PORCIÓN: APROXIMADAMENTE 230 CAL, 3 G PRO, 48 G CARB, 6 G GRASA, 18 MG COL, 192 MG SOD

PAN DE DURAZNO

RENDIMIENTO: 18 PORCIONES (6 REBANADAS POR BARRA)

- ⅓ Barra de CRISCO® Stick o ⅓ taza de CRISCO Shortening, y una cantidad adicional para engrasar los moldes
- 1½ tazas de PILLSBURY BEST® All-Purpose Flour, y una cantidad adicional para espolvorear los moldes
- ¾ cucharadita de sal
- ½ cucharadita de bicarbonato de sodio
- ½ cucharadita de canela molida
- ½ cucharadita de nuez moscada rallada
- ½ taza de azúcar
- 1 jarra (12 onzas) de SMUCKER'S® Peach Preserves, dividida
- ½ cucharadita de extracto de almendra
- ½ taza de suero de leche
- 2 huevos

Precaliente el horno a 350°F. Aplique una capa de Manteca **Crisco** a tres moldes para panecillos de 5¾×3×2 pulgadas; espolvoree con Harina **Pillsbury BEST**; coloque los moldes a un lado.

Combine 1½ taza de Harina **Pillsbury BEST,** sal, bicarbonato de sodio, canela, y nuez moscada en un tazón mediano; colóquelo a un lado. Combine el azúcar y ⅓ taza de Manteca **Crisco** en el tazón de mezclado. Coloque el tazón y el batidor plano en la mezcladora. Pase a la Velocidad 6 y bata durante aproximadamente 2 minutos hasta que la mezcla quede esponjosa. Pare y raspe el tazón.

Reserve 3 cucharadas de Mermelada **Smucker's** en un tazón apto para microondas; coloque el tazón a un lado. Agregue la Mermelada **Smucker's** restante, el extracto de almendra y el suero de leche al tazón de mezclado. Pase a la Velocidad 2 y mezcle durante aproximadamente 2 minutos. Continúe en la Velocidad 2. Agregue los huevos, uno a la vez, mezclando durante aproximadamente 15 segundos después de agregar cada uno. Pare y raspe el tazón. Pase a la Velocidad de Mezclado y agregue gradualmente la mezcla de harina, mezclando hasta combinar bien los ingredientes, aproximadamente 1 minuto.

Divida la mezcla entre los 3 moldes preparados. Hornee de 30 a 35 minutos, o hasta que palillos de dientes insertados en los centros salgan limpios al retirarlos. Enfríe en los moldes durante 10 minutos; voltee los moldes encima de anaqueles de enfriamiento.

Caliente la Mermelada **Smucker's** reservada en el microondas en HIGH durante 20 segundos; unte en la parte superior de los panes enfriados.

POR PORCIÓN: APROXIMADAMENTE 146 CAL, 2 G PRO, 25 G CARB, 4 G GRASA, 24 MG COL, 147 MG SOD

JiF ROLLO DE FRESAS CON CREMA DE CACAHUATE

PASTEL

- ¼ taza de azúcar en polvo CRISCO® Shortening
- 1 taza de PILLSBURY BEST® All-Purpose Flour
- 1 cucharadita de polvo para hornear
- ¼ cucharadita de sal
- 4 huevos
- 1 taza de azúcar granulada
- ¼ taza de agua
- 1 cucharadita de vainilla

RELLENO DE CREMA DE CACAHUATE

- 1 paquete (8 onzas) de queso crema, suavizado
- 1 taza de azúcar en polvo
- ⅓ taza de JIF® Extra Crunchy Peanut Butter
- ½ cucharadita de extracto de almendra
- 1 taza de SMUCKER'S® Low-Sugar Strawberry Fruit Spread, dividida
  Azúcar en polvo

Precaliente el horno a 375°F. Cierna ¼ de taza de azúcar en polvo sobre un paño de cocina grande, delgado y limpio. Aplique una capa de Manteca **Crisco** a un molde para brazo gitano de 15×10×1 pulgadas. Forre el molde con papel encerado y aplique una capa de Manteca Crisco sobre el papel encerado. Cierna juntos la Harina **Pillsbury BEST**, el polvo para hornear, y la sal; coloque a un lado.

Coloque los huevos en el tazón de mezclado. Coloque el tazón y el batidor de alambre en la mezcladora. Pase a la Velocidad 8 y bata los huevos hasta dejarlos con un color amarillo limón claro. Pase a la Velocidad de Mezclado. Gradualmente, agregue azúcar granulada, agua, vainilla, y mezcla de harina cernida; pare y raspe el tazón. Pase a la Velocidad 6 y mezcle durante un minuto más. Vierta la mezcla en el molde preparado.

Hornee de 9 a 11 minutos, o hasta que un palillo de dientes insertado en el centro salga limpio al retirarlo. Afloje inmediatamente los bordes del pastel de los lados del molde y voltéelo sobre la toalla preparada. Quite cuidadosamente el papel encerado. Enrolle el pastel desde un extremo angosto al otro. Enfríelo en un anaquel de alambre de 30 a 40 minutos.

Para hacer el **Relleno de Crema de Cacahuate,** combine el queso crema, 1 taza de azúcar en polvo, **Creme de Cacahuate Jif,** y extracto de almendra en un tazón de mezclado. Coloque el tazón y el batidor plano en la mezcladora. Pase a la Velocidad de Mezclado y mezcle hasta que se incorpore el azúcar en polvo. Pase a la Velocidad 4 y mezcle hasta que quede uniforme. Desenrolle el pastel: unte la **Crema de Cacahuate** uniformemente hasta los bordes del pastel. Reserve 2 cucharadas de Mermelada **Smucker's** en una bolsa plástica resellable para adornar; unte la Mermelada **Smucker's** restante sobre la **Crema de Cacahuate.** Vuelva a enrollar el pastel, envuélvalo en envoltura plástica y refrigérelo varias horas antes de servirlo. Antes de servirlo, salpique el pastel con azúcar en polvo. Caliente la mermelada reservada en un microondas en HIGH durante 10 segundos; rocíela sobre el azúcar en polvo.

POR PORCIÓN: APROXIMADAMENTE 420 CAL, 8 G PRO, 67 G CARB, 14 G GRASA, 110 MG COL, 237 MG SOD

 **SMUCKER'S**

PASTEL DE MIGAJAS DE FRESA QUESO CREMA Y MANTEQUILLA

RENDIMIENTO: 12 PORCIONES

Spray antiadherente

2¼ tazas de PILLSBURY BEST® All-Purpose Flour

1 taza de azúcar, dividida

¾ taza (1½ barras) de mantequilla o margarina sin salar, cortada en cubos pequeños y a temperatura ambiente

½ cucharadita de polvo para hornear

½ cucharadita de bicarbonato de sodio

¼ cucharadita de sal

¾ taza de crema agria

2 huevos, divididos

1 cucharadita de extracto de almendra

1 paquete (8 onzas) de queso crema, suavizado

½ cucharadita de cáscara de limón rallada

½ cucharadita de vainilla

1 jarra (18 onzas) SMUCKER'S® Strawberry Jam

½ taza de almendras rebanadas

Precaliente el horno a 350°F. Aplique una capa de spray antiadherente para cocinar en la parte inferior y en los lados de un molde con resorte (springform pan) de 10 pulgadas; coloque el molde a un lado.

Combine la Harina **Pillsbury BEST**, ¾ taza de azúcar, y mantequilla en el tazón de mezclado. Coloque el tazón y el batidor plano en la mezcladora. Pase a la Velocidad 2 y mezcle hasta que se formen migajas gruesas, durante aproximadamente 8 minutos. Saque 1 taza de mezcla de migajas del tazón de mezclado y resérvela. A la mezcla de migajas restante, agregue polvo para hornear, bicarbonato de sodio, sal, crema, 1 huevo y extracto de almendra. Pase a la Velocidad 4 y mezcle durante 2 minutos. Pare y raspe el tazón; mezcle un minuto más.

Aplique una capa de Manteca **Crisco** a la parte trasera de una cuchara y úsela para untar la mezcla sobre la parte inferior y 1 pulgada hacia arriba en los lados del molde preparado.

Combine el queso crema, el ¼ de taza de azúcar restante, el huevo restante, la cáscara de limón, y la vainilla en el tazón de mezclado. Coloque el tazón y el batidor plano en la mezcladora. Pase a la Velocidad 4 y bata hasta que la mezcla sea uniforme, parando una vez para raspar el tazón. Unte la mezcla en el molde.

Con una cuchara, añada la Mermelada **Smucker's** sobre la mezcla de queso crema. Combine la mezcla de migajas reservada y las almendras; salpíquela sobre la mermelada.

Hornee de 65 a 75 minutos o hasta que el relleno de queso crema se endurezca y la costra se dore bien. Deje que se enfríe durante 15 minutos. Sírvalo caliente o frío.

POR PORCIÓN: APROXIMADAMENTE 500 CAL, 7 G PRO, 64 G CARB, 25 G GRASA, 94 MG COL, 197 MG SOD

PASTELITOS DE COCO Y FRUTA

RENDIMIENTO: 16 PORCIONES (2 PASTELES DE 8 PULGADAS)

PASTEL

CRISCO® Shortening para aplicar capas a los moldes

2 tazas de PILLSBURY BEST® All-Purpose Flour

1 cucharadita de polvo para hornear

½ cucharadita de bicarbonato de sodio

¼ cucharadita de sal

1 paquete (8 onzas) de queso crema, suavizado

½ taza (1 barra) de mantequilla sin salar, suavizada

1¼ tazas de azúcar

2 huevos

¼ taza PET® Evaporated Milk

1 cucharadita de vainilla

1 jarra (12 onzas) SMUCKER'S® Peach, Pineapple, o Apricot Preserves

CUBIERTA

⅔ taza de azúcar

⅔ taza PET® Evaporated Milk

¼ taza (½ barra) de mantequilla o margarina

1 huevo, ligeramente batido

1¼ tazas de coco en hojuelas endulzado

⅔ taza de nueces (pecans) picadas

1 cucharadita de vainilla

Precaliente el horno a 350°F. Aplique una capa de Manteca **Crisco** a dos moldes para pastel de 8 pulgadas. Combine Harina **Pillsbury BEST,** polvo para hornear, bicarbonato de sodio y sal en un tazón mediano; colóquelo a un lado.

Coloque el queso crema, la mantequilla y el azúcar en otro tazón de mezclado. Coloque el tazón y el batidor plano en la mezcladora. Pase a la Velocidad 4 y bata hasta que la mezcla quede ligera y esponjosa. Pare y raspe el tazón. Pase a la Velocidad de Mezclado y agregue los huevos, uno a la vez. Pare y raspe el tazón. Agregue ¼ taza de Leche Evaporada **PET** y vainilla al tazón. Pase a la Velocidad de Mezclado; agregue gradualmente los ingredientes secos al tazón. Pare y raspe el tazón. Pase a la Velocidad 4 y bata sólo hasta que se humedezca.

Divida la mitad de la masa entre los moldes para pastel preparados y úntela hasta los bordes. Unte 6 onzas (½ jarra) de Mermelada **Smucker's** sobre la masa en cada molde. Divida la masa restante entre los moldes, untándola sobre la Mermelada **Smucker's**. Hornee de 35 a 40 minutos, o hasta que se dore. Deje que los pasteles se enfríen completamente en los moldes sobre anaqueles de alambre.

Mientras tanto prepare la **Cubierta**. Combine azúcar, ⅔ taza de Leche Evaporada **PET,** mantequilla y el huevo en una cacerola de 2 cuartos a fuego mediano. Cocine, revolviendo constantemente, hasta que la mezcla se haga espesa y comience a burbujear. Retire la mezcla del fuego. Agregue y revuelva el coco, las nueces y la vainilla. Unte la **Cubierta** sobre los pasteles enfriados, dividiendo la mezcla de manera equitativa. Hornee a 4 pulgadas del calor por 1 ó 2 minutos o hasta que se dore.

POR PORCIÓN: APROXIMADAMENTE 402 CAL, 5 G PRO, 52 G CARB, 20 G GRASA, 83 MG COL, 199 MG SOD

PET® ROLLO DE CALABAZA CON CREMA DE VAINILLA Y GLASEADO DE CARAMELO

RENDIMIENTO: 10 PORCIONES

PASTEL

CRISCO® Shortening para aplicar capas al molde

¼ taza de azúcar en polvo

1 taza de PILLSBURY BEST® All-Purpose Flour

2 cucharaditas de especia para "pies" de calabaza

½ cucharadita de polvo para hornear

½ cucharadita de bicarbonato de sodio

4 huevos

¾ taza de azúcar granulada

1 taza de calabaza de empacada firmemente

RELLENO

⅔ taza de PET® Evaporated Milk

3 tazas de azúcar en polvo

⅔ barra de CRISCO Stick o ⅔ de taza de CRISCO Shortening

½ taza (1 barra) de mantequilla sin salar

1 cucharada de vainilla

Pizca de sal

1½ cucharaditas de especia para "pies" de calabaza (opcional)

CUBIERTA

Caramel Sundae Syrup SMUCKER'S®

¼ taza de almendras rebanadas, tostadas

Precaliente el horno a 375°F. Cierna el azúcar en polvo sobre un paño de cocina grande, delgado y limpio. Aplique una capa de Manteca **Crisco** a un molde para brazo gitano de 15×10×1 pulgadas; revista el molde con papel encerado y aplique una capa de Manteca **Crisco** al papel. Combine la Harina **Pillsbury BEST,** la especia para pie de calabaza, el polvo para hornear, y el bicarbonato de sodio en un tazón pequeño.

Coloque los huevos en el tazón de mezclado. Coloque el tazón y el batidor de alambre en la mezcladora. Pase a la Velocidad 6, batiendo los huevos hasta que se hagan espesos. Gradualmente agregue azúcar y calabaza. Pare y raspe el tazón. Continuando en la Velocidad de Mezclado, agregue gradualmente la mezcla de harina y mézclela hasta incorporarla. Pase a la Velocidad 6 y bata durante 1 minuto más. Distribuya la masa uniformemente en el molde preparado.

Hornee de 9 a 12 minutos, o hasta que un palillo de dientes insertado en el centro salga limpio al retirarlo. Afloje inmediatamente los bordes del pastel de los lados del molde y voltéelo sobre la manta preparada. Quite cuidadosamente el papel encerado. Enrolle el pastel desde un extremo angosto al otro. Enfríelo en un anaquel de alambre de 30 a 40 minutos.

Mientras tanto, coloque todos los ingredientes del Relleno en el tazón de mezclado. Coloque el tazón y el batidor de alambre en la mezcladora. Pase a la Velocidad de Mezclado y mezcle hasta que se incorpore el azúcar en polvo. Pase a la Velocidad 8 y bata el Relleno hasta que se haga espeso y esponjoso, aproximadamente de 10 a 12 minutos. Desenrolle el pastel; unte el relleno uniformemente hasta los bordes del pastel. Vuelva a enrollar el pastel; envuélvalo en envoltura plástica y refrigérelo varias horas antes de servirlo.

Para servirlo, rocíe el pastel con Jarabe **Smucker's** y salpíquelo con las almendras tostadas. Sirva las rebanadas con Jarabe **Smucker's** adicional.

POR PORCIÓN: APROXIMADAMENTE 549 CAL, 6 G PRO, 69 G CARB, 28 G GRASA, 115 MG COL, 137 MG SOD

PAM® PASTEL STREUSEL DE CALABAZA EN CAPAS

Aerosol para hornear PAM® for Baking

1 taza (2 barras) de margarina, suavizada

2 tazas de azúcar granulada

4 huevos

1 lata (15 onzas) de calabaza en empaque sólido

1½ tazas de crema agria

1 cucharadita de vainilla

3 tazas de harina, divididas

2 cucharaditas de bicarbonato de sodio

2 cucharaditas de canela molida

1 cucharadita de sal

Azúcar en polvo

GLASEADO STREUSEL DE NUEZ

1 taza de harina

1½ tazas de azúcar morena, empacada firmemente

½ taza (1 barra) de margarina, suavizada

1 cucharada de canela molida

1½ tazas de nueces (walnuts) picadas

Aplique generosamente una capa de aerosol para hornear **PAM® For Baking** a un molde para rosca (tipo Bundt) de 10 unidades; reserve. En el tazón de la batidora, ponga la margarina y la azúcar granulada. Instale el batidor plano y coloque el tazón en la batidora. Enciéndala en la velocidad 2 y mezcle aproximadamente por 2 minutos hasta que la mezcla quede cremosa. Continúe en la velocidad 2, y agregue huevos a la vez, luego la calabaza, la crema agria y la vainilla, batiendo aproximadamente durante 30 segundos después de cada adición. Pare la batidora y limpie hacia abajo los lados del tazón con una espátula. Suba a la velocidad 4 y bata durante 1 min. Reduzca a velocidad de mezclado (Stir) y agregue gradualmente la harina, el bicarbonato, la canela, y la sal, mezclando sólo hasta combinar los ingredientes.

Vierta la tercera parte del **Glaseado streusel de nuez** en el fondo del molde previamente preparado. Con una cuchara, coloque la tercera parte de la mezcla sobre el glaseado, untándola uniformemente con una espátula. Repita la operación dos veces más con el glaseado y la mezcla restantes. Hornee a 350°F durante 45 minutos o hasta que al insertar un palillo en el centro éste salga limpio. Enfríe en el molde durante 15 minutos; retire el pastel del molde y póngalo sobre su base en una rejilla. Deje que se enfríe completamente. Espolvoréelo con el azúcar en polvo antes de servir.

Para hacer el **Glaseado streusel de nuez**, ponga la harina, la azúcar morena, la margarina y la canela en el tazón de la batidora. Instale el batidor plano y coloque el tazón en la batidora. Enciéndala en la velocidad 2 y mezcle aproximadamente por 1 minuto hasta que la mezcla sea grumosa.

Agregue las nueces y bata en velocidad de mezclado hasta que todo esté bien Integrado, aprox. por 30 segundos.

POR PORCIÓN: APROXIMADAMENTE 759 CAL, 11 G PRO, 91 G CARB, 40 G GRASA, 96 MG COL, 628 MG SOD

PAM PASTEL DE JENGIBRE CON LIMÓN VERDE

RENDIMIENTO: 16 PORCIONES

PASTEL

Aerosol para hornear **PAM® for Baking**

- ½ taza de mantequilla o margaina
- ⅓ de taza de azúcar
- 2¼ tazas de harina
- 1 cucharadita de bicarbonato de sodio
- ½ cucharadita de polvo para hornear
- 1½ cucharaditas de canela molida
- 1 cucharadita de jengibre molido
- ¾ taza de leche
- 2 huevos
- 1 taza de melaza

RELLENO DE LIMÓN VERDE

- 1 paquete (8 onzas) de queso crema, suavizado
- 1 cucharadita de cáscara de lima rallada
- 2 cucharadas de jugo de limón verde
- 1 huevo
- ⅓ taza de azúcar
- 1 cucharada de maicena
  Salsa de Limón Verde (receta a continuación)

Aplique generosamente una capa de aerosol para hornear **PAM® For Baking** a un molde para rosca de 10 unidades; reserve. En el tazón de la batidora, ponga la mantequilla y el azúcar. Instale el batidor plano y coloque el tazón en la batidora. Enciéndala en la velocidad 4 y mezcle aproximadamente por 1 minuto, hasta que la mezcla quede cremosa. Pare la batidora y limpie hacia abajo los lados del tazón con una espátula. En un tazón pequeño, mezcle la harina, el bicarbonato, el polvo para hornear, la canela y el jengibre.

En otro tazón, bata la leche, los huevos y la melaza. Encienda la batidora en velocidad de mezclado (Stir) y agregue ⅓ de la mezcla de harina alternando con la mitad de la mezcla de leche, batiendo durante 20 segundos después de cada adición. Pare la batidora y limpie hacia abajo los lados del tazón. Encienda la batidora en la velocidad 6 y bata aproximadamente por 1 minuto, hasta que la mezcla quede esponjosa.

Vierta la mitad de la mezcla en el molde preparado. Usando una cuchara, coloque el **Relleno de limón verde** encima de la mezcla, coloque la mezcla restante por encima del relleno. Hornee a 350°F durante 1 hora o hasta que al insertar un palillo en el centro éste salga limpio. Enfríe en el molde sobre una rejilla durante 4 mins.. Desmolde sobre un plato y deje que se enfríe por completo. Sírvalo con la **Salsa de limón verde** caliente.

Para hacer el **Relleno de limón verde**, coloque todos los ingredientes en el tazón de la batidora. Instale el batidor plano y coloque el tazón en la batidora. Enciéndala en la velocidad 4 y mezcle aproximadamente por 1 minuto, hasta que la mezcla quede uniforme.

La receta continuo en la pagina 128.

SALSA DE LIMÓN VERDE

⅓ taza más 2 cucharadas de azúcar

2 cucharadas de maicena

1 taza de agua

2 cucharadas de mantequilla o margarina

1 cucharadita de cáscara de limón verde, rallada

2 cucharadas de jugo de limón verde

Para preparar la **Salsa de limón verde**, combine el azúcar y la maicena en una cacerola mediana. Agregue batiendo el agua gradualmente. Cocine a fuego medio-alto, revolviendo frecuentemente, hasta que la mezcla espese, aproximadamente por 5 mins. Retire del fuego e incorpore la mantequilla y la cáscara y el jugo de limón verde.

POR PORCIÓN: APROXIMADAMENTE 330 CAL, 4 G PRO, 45 G CARB, 16 G GRASA, 45 MG COL, 270 MG SOD

PAM PASTEL DE PERA Y AMARETTO

RENDIMIENTO: 12 PORCIONES

Aerosol para hornear PAM® for Baking

1 taza (2 barras) de mantequilla o margarina, suavizada

2 tazas de azúcar

1 cucharadita de vainilla

½ cucharadita de extracto de almendra

4 huevos

1 lata (15 onzas) de mitades de pera en almíbar ligero, escurridas y en rebanadas delgadas, reservando el líquido

3 tazas de harina con levadura (self-rising)

¼ de taza de licor de alamendras o Amaretto, dividida

Frambuesas frescas

Hojas de menta fresca

Almendras rebanadas

RELLENO CREMOSO DE ALMENDRAS

1¾ tazas de leche

1 paquete (3 onzas) de pudín o mezcla para rellena de vainilla francesa

½ cucharadita de extracto de almendra

GLASEADO ESPONJOSO DE AMARETTO

1 paquete (8 onzas) de queso crema, suavizado

3 cucharadas de azúcar en polvo

2 cucharadas de licor de amaretto

1 taza de chocolate chips blancos, derretidos

1 taza de crema para batir, batida hasta que se formen picos blandos (ver Crema Batida, página 57)

Aplique generosamente una capa de aerosol para hornear **PAM® For Baking** a un molde para hornear desarmable con aro de resorte de 10 pulgadas; reserve.

En el tazón de la batidora, ponga la mantequilla, el azúcar, la vainilla y el extracto de almendra. Instale el batidor plano y coloque el tazón en la batidora. Enciéndala

La receta continuo en la pagina 129.

en la velocidad 6 y bata aprox. por 2 minutos, hasta que la mezcla quede esponjosa. Pare la batidora y limpie hacia abajo los lados del tazón. Enciéndala en la velocidad 2 y agregue los huevos, uno a la vez, mezclando aproximadamente por 15 segundos después de agregar cada uno. Pare la batidora y limpie hacia abajo los lados del tazón. Mida el almíbar de las peras reservado y agregue agua para llegar al equivalente de 1 taza. Encienda en la velocidad 2 y agregue ⅓ de la mezcla de harina alternando con la mitad de la mezcla de almíbar, batiendo aprox. por 20 segundos después de cada adición. No bata excesivamente. Vierta la mezcla en el molde preparado y hornee a 350°F de 60 a 70 minutos, o hasta que al insertar un palillo en el centro éste salga limpio. Deje que se enfríe completamente en el molde sobre una rejilla.

Desmóldelo y córtelo a la mitad horizontalmente para formar dos capas. Rocíe cada lado cortado con 2 cucharadas del licor de Amaretto. En el plato de servir, coloque una capa con el lado cortado hacia arriba. Distribuya las peras rebanadas sobre la capa. Con una cuchara, ponga el **Relleno cremoso de almendras** sobre las peras. Ponga encima la otra capa del pastel con el lado cortado hacia abajo. Cubra y refrigere por lo menos una hora.

Decore el pastel con el **Glaseado esponjoso de Amaretto**, y adorne a su gusto con las frambuesas, las hojas de menta y las almendras rebanadas.

Para preparar el **Relleno cremoso de almendras**, combine la leche y la mezcla de pudín según las instrucciones del paquete. Transfiera la mezcla a un tazón mediano, cubra con plástico de cocina y presiónelo ligeramente sobre la superficie del pudín y deje que se enfríe a temperatura ambiente. Cuando esté frío, agregue el extracto de almendras.

Para preparar el **Glaseado esponjoso de Amaretto**, onga el queso crema y el azúcar en polvo en el tazón de la batidora. Instale el batidor plano y coloque el tazón en la batidora. Enciéndala en la velocidad 4 y bata aprox. por 1½ minutos, hasta que la mezcla quede esponjosa. Pare la batidora y limpie hacia abajo los lados del tazón. Encienda en la velocidad 4 y agregue poco a poco el licor de Amaretto y los trocitos de vainilla, y bata hasta que la mezcla quede esponjosa, aprox. por 1 minuto. Cuidadosamente incorpore la crema batida con la mano.

POR PORCIÓN: APROXIMADAMENTE 750 CAL, 10 G PRO, 90 G CARB, 37 G GRASA, 120 MG COL, 720 MG SOD

Jif TORTA DE CAFÉ CON CREMA DE CACAHUATE

RENDIMIENTO: 16 PORCIONES

1½ taza de azúcar morena, divididas	½ cucharadita de sal
2½ tazas de PILLSBURY BEST® All-Purpose Flour, divididas	1½ taza de azúcar morena empacada, dividida
¾ taza de JIF® Creamy Peanut Butter, dividida	¼ barra de CRISCO® Stick o ¼ de taza de CRISCO Shortening
2 cucharaditas de polvo para hornear	2 cucharadas de mantequilla o margarina, derretida
½ cucharadita de bicarbonato de sodio	2 huevos
	1 taza de leche

Precaliente el horno a 375°F. Mezcle ½ taza de azúcar morena, ½ taza de Harina **Pillsbury BEST,** ¼ taza de **Jif**, y la mantequilla derretida en un tazón hasta que la mezcla se pueda desmenuzar fácilmente; colóquela a un lado. Revuelva 2 tazas de Harina **Pillsbury BEST**, polvo para hornear, bicarbonato de sodio, y sal hasta combinar estos ingredientes.

Coloque la ½ taza restante de **Jif** y Manteca **Crisco** en el tazón de mezclado. Coloque el tazón y el batidor plano en la mezcladora. Pase a la Velocidad 4 y bata durante aproximadamente 1 minuto hasta que la mezcla quede cremosa. Continuando en la Velocidad 4, bata gradualmente la taza restante de azúcar morena. Pare y raspe el tazón.

Pase a la Velocidad 2 y agregue los huevos, uno a la vez, mezclando durante aproximadamente 15 segundos después de agregar cada uno.

Pase a la Velocidad 6 y bata durante aproximadamente 1 minuto hasta que la mezcla quede esponjosa. Pase a la Velocidad 2 y agregue la mezcla de harina/polvo para hornear alternando con leche y batiendo bien después de cada adición.

Esparza la masa en un molde para hornear de 13×9×2 pulgadas. Cúbrala con la mezcla que se puede desmenuzar fácilmente. Hornee de 30 a 35 minutos, o hasta que un palillo de dientes insertado en el centro salga limpio al retirarlo. Deje que se enfríe completamente sobre un anaquel de alambre.

POR PORCIÓN: APROXIMADAMENTE 216 CAL, 6 G PRO, 31 G CARB, 8 G GRASA, 5 MG COL, 204 MG SOD

PAM® TORTA DE ALBARICOQUE Y AVELLANAS CON CUBIERTA DE FUDGE

RENDIMIENTO: 12 PORCIONES

Aerosol para hornear **PAM® for Baking**

2 tazas de harina para todo propósito

1½ tazas de azúcar granulada

1¼ cucharaditas de bicarbonato de sodio

½ cucharadita de sal

1 taza de leche

½ taza (1 barra) de margarina, suavizada

1 cucharadita de vainilla

2 huevos

4 cuadrados (de 1 onza cada uno) de chocolate sin endulzar y derretido

1 taza de avellanas bien picadas, dividida

RELLENO DE ALBARICOQUE AL RON

1 jarra (16 onzas) de conserva de albaricoque

½ taza más 1 cucharada de ron, divididas

GLASEADO DE FUDGE

2 cuadrados (de 1 onza cada uno) de chocolate para hornear semidulce

¼ taza (½ barra) de margarina

1 yema de huevo, ligeramente batida

1 cucharada de leche

⅔ taza de azúcar en polvo, cernida

Aplique generosamente una capa de aerosol para hornear **PAM® For Baking** a 2 moldes redondos para pasteles de 9 pulgadas.

En el tazón de la batidora, mezcle los ingredientes secos. Instale el batidor plano y coloque el tazón en la batidora. Enciéndala en velocidad 2 y mezcle aproximadamente por 15 segundos. Pare. Agregue la leche, la margarina y la vainilla. Encienda en velocidad 2 y mezcle aproximadamente por 1 minuto. Pare la batidora y limpie hacia abajo los lados del tazón. Agregue los huevos y el chocolate. Continúe en la velocidad 2 y mezcle aproximadamente por 30 segundos. Pare la batidora y limpie de nuevo. Suba a la velocidad 6 y bata durante 1 minuto.

Hornee a 350°F durante 30 minutos o hasta que al insertar un palillo en el centro éste salga limpio. Enfríe en los moldes durante 10 minutos; desmolde los pasteles y deje que se enfríen por completo sobre rejillas.

Corte cada pastel a la mitad horizontalmente para formar cuatro capas. Coloque una capa, con el lado cortado hacia arriba, en el plato de servir. Úntela con ⅓ del **Relleno de albaricoque al ron** y espolvoree con ¼ de taza de avellanas. Repita la operación con las siguientes capas. La última capa debe tener el lado cortado hacia abajo.

Vierta la **Cubierta glaseada de chocolate** sobre la parte superior del pastel, permitiendo que la salsa escurra sobre los lados. Espolvoree con ¼ de taza restante de avellanas; refrigere 4 horas o durante la noche.

Para hacer el **Relleno de albaricoque al ron**, derrita la confitura con ½ taza de ron en una cacerola pequeña a fuego bajo, revolviendo frecuentemente. Retire la mezcla del fuego y reserve.

Para hacer la **Cubierta glaseada de chocolate**, derrita el chocolate y la margarina a fuego medio-bajo en una cacerola mediana. Incorpore la yema de huevo, la leche, y el ron; cocine y mezcle hasta que quede uniforme.

Agregue gradualmente el azúcar en polvo; cocine y mezcle hasta que quede uniforme. Retire la mezcla del fuego y deje que se enfríe aprox. por 10 minutos.

POR PORCIÓN: APROXIMADAMENTE 581 CAL, 7 G PRO, 80 G CARB, 26 G GRASA, 56 MG COL, 356 MG SOD

PASTELES Y POSTRES

"PIE SUPREME" CON CREMA DE CACAHUATE

RENDIMIENTO: 8 PORCIONES (1 "PIE" DE 9 PULGADAS)

- 1⅓ tazas de PILLSBURY BEST® All-Purpose Flour
- ½ cucharadita de sal
- ½ Barra de CRISCO® Stick o ½ de taza de CRISCO Shortening, cortada en trozos
- 3 cucharadas de agua fría
- ½ taza más ⅓ taza de cacahuates picados
- 1 taza de JIF® Creamy Peanut Butter, dividida
- ½ taza de azúcar en polvo

- ½ taza de crema half-and-half
- 1 lata (14 onzas) de leche condensada endulzada
- 1 taza de leche
- 1 paquete (3.4 onzas) de pudín instantáneo de vainilla
- SMUCKER'S® Chocolate Fudge Microwave Topping, calentado según las instrucciones en el paquete

Coloque la Harina **Pillsbury BEST** y la sal en el tazón de mezclado. Coloque el tazón y el batidor plano en la mezcladora. Pase a la Velocidad de Mezclado y mezcle durante aproximadamente 15 segundos. Agregue Manteca **Crisco;** pase a la Velocidad de Mezclado y mezcle hasta que las partículas de manteca sean del tamaño de guisantes. Continúe con la Velocidad de Mezclado. Agregue agua, una cucharada a la vez, mezclando hasta que la masa esté húmeda y comience a adquirir consistencia. Forme una bola con la masa y aplánela; envuélvala en envoltura plástica. Refrigérela durante 15 minutos. Extienda la masa de repostería y colóquela en un plato para "pies" de 9 pulgadas.

Precaliente el horno a 400°F.

Coloque ½ taza de cacahuates picados, ½ taza de Crema de Cacahuate **Jif,** azúcar en polvo y crema half-and-half en el tazón de mezclado. Coloque el tazón y el batidor plano en la mezcladora. Pase gradualmente a la Velocidad 4, batiendo hasta que la mezcla quede bien combinada. Vierta la mezcla en la masa de "pie" sin hornear. Hornee durante 20 a 25 minutos o hasta que la masa se dore; deje que se enfríe por completo.

Mientras tanto, coloque la ½ taza restante de Crema de Cacahuate **Jif** y la leche condensada endulzada en el tazón de mezclado. Coloque el tazón y el batidor plano en la mezcladora. Pase a la Velocidad de Mezclado y mezcle bien. Pare y raspe el tazón. Agregue leche y mezcla de pudín. Gradualmente pase a la Velocidad 4 y bata durante 2 minutos, parando una vez para raspar el tazón. Vierta encima de la capa de cacahuates enfriada y úntela hasta el borde de la masa. Refrigere el "pie" durante varias horas antes de servirlo.

Al servirlo, salpíquelo con el tercio de taza restante de cacahuates picados y rocíe con Topping **Smucker's** caliente.

POR PORCIÓN: APROXIMADAMENTE 789 CAL, 20 G PRO, 83 G CARB, 44 G GRASA, 31 MG COL, 574 MG SOD

REPOSTERÍA DE PASTEL KITCHENAID

RENDIMIENTO: 8 PORCIONES (DOS COSTRAS DE 8 O 9 PULGADAS)

2¼ **tazas de harina para todo propósito**	2 **cucharadas de mantequilla o margarina, bien fría**
¾ **cucharadita de sal**	5 **a 6 cucharadas de agua helada**
½ **taza de manteca, bien fría**	

Coloque la harina y la sal en el tazón para mezclar. Instale el tazón y la batidora plana en la mezcladora. Pase a la Velocidad para Revolver y mezcle durante aproximadamente 15 segundos. Corte la manteca y la mantequilla en trozos y agregue los trozos a la mezcla de harina. Pase a la Velocidad para Revolver y mezcle hasta que las partículas de manteca sean del tamaño de guisantes pequeños, de 30 a 45 segundos.

Continuando con la Velocidad para Revolver, agregue agua, 1 cucharada a la vez, mezclando hasta que los ingredientes se humedezcan y la masa comience a adquirir una textura consistente. Divida la masa a la mitad. Dé palmaditas a cada mitad hasta convertirla en una bola uniforme y aplánala un poco. Envuélvala en envoltura plástica. Enfríela en el refrigerador por 15 minutos.

Ruede una mitad de la masa hasta que haya un espesor de ⅛ pulg entre las hojas de papel encerado. Doble la repostería en cuartos. Colóquela en un plato para pastel de 8 o 9 pulgadas y desdoble, presionando firmemente contra la parte inferior y los lados.

Para Pastel de Una Costra: Doble el borde por debajo. Ondule según lo desee. Agregue el relleno para pastel deseado. Hornee siguiendo las instrucciones.

Para Pastel de Dos Costras: Recorte la repostería hasta emparejarla con el borde del plato para pastel. Usando la segunda mitad de la masa, ruede otra costra para repostería. Agregue el relleno para pastel deseado. Coloque encima la segunda costra para repostería. Selle el borde. Ondule según lo desee. Corte ranuras para que escape el vapor. Hornee siguiendo las instrucciones.

Para Base de Repostería Horneada: Doble el borde por debajo. Ondule según lo desee. Punce los lados y la parte inferior con un tenedor. Hornee a 450°F de 8 a 10 minutos, o hasta que se dore un poco. Deje que se enfríe completamente sobre una rejilla y rellene.

Método Alterno para Base de Repostería Horneada: Doble el borde por debajo. Ondule según lo desee. Cubra la base con papel de aluminio. Rellene con pesas para pastel o frijoles secos. Hornee a 450°F de 10 a 12 minutos, o hasta que los bordes se doren un poco. Retire las pesas para pastel y el aluminio. Deje que se enfríe completamente en una rejilla y rellene.

POR PORCIÓN (UNA COSTRA): APROXIMADAMENTE 134 CAL, 2 G PRO, 13 G CARB, 8 G GRASA, 0 MG COL, 118 MG SOD

POR PORCIÓN (DOS COSTRAS): APROXIMADAMENTE 267 CAL, 4 G PRO, 27 G CARB, 16 G GRASA, 0 MG COL, 236 MG SOD

"PIE" DE SEDA DE CHOCOLATE

1½ tazas de azúcar

3 cucharadas de polvo de cacao sin endulzar

3 huevos

⅔ taza de PET® Evaporated Milk

½ taza (1 barra) de mantequilla o margarina, derretida

1 cucharadita de vainilla

1 masa de pie (9 pulgadas) profundo (deep-dish) sin hornear (consulte Repostería de Pastel KitchenAid, página 133)

Cubierta batida (opcional)

Precaliente el horno a 350°F. Coloque la bandeja para hornear sin engrasar en el horno para precalentarla.

Coloque el azúcar y el polvo de cacao en el tazón de mezclado. Coloque el tazón y el batidor de alambre en la mezcladora. Pase a la Velocidad de Mezclado y mezcle para combinar, durante aproximadamente 15 segundos. Continuando en la Velocidad de Mezclado, agregue gradualmente los huevos, Leche Evaporada **PET**, mantequilla derretida, y vainilla y mezcle bien estos ingredientes, durante aproximadamente 1 minuto. Pare y raspe el tazón. Pase a la Velocidad 6 y bata durante aproximadamente 2 minutos hasta que la mezcla quede uniforme y un poco espesa.

Vierta la mezcla en la masa preparada. Coloque el plato para el pie en la bandeja para hornear precalentada y hornee de 55 a 60 minutos o hasta que el centro se infle y el pie se haya endurecido. Deje que se enfríe completamente en el anaquel de alambre. Cubra con la cubierta batido, si así lo desea.

POR PORCIÓN: APROXIMADAMENTE 566 CAL, 8 G PRO, 21 G CARB, 30 G GRASA, 124 MG COL, 370 MG SOD

 PASTELLITOS RELLENOS CON CREMA DE CHOCOLATE

1 taza de agua

½ taza (1 barra) de mantequilla

½ cucharadita de sal

1 taza de PILLSBURY BEST® All-Purpose Flour

4 huevos

Azúcar en polvo (opcional)

RELLENO DE CHOCOLATE

¾ taza de azúcar granulada

⅓ taza de maicena

½ cucharadita de sal

1 lata (12 onzas) PET® Evaporated Milk

1⅓ tazas de agua

2 onzas de chocolate sin endulzar, picado en trozos gruesos

¾ taza de chocolate chips semidulces

1 cucharada de vainilla

SALSA DE HOT FUDGE

½ taza de chocolate chips semidulces

⅓ taza de Leche Evaporada PET®

2 cucharadas de azúcar granulada

Precaliente el horno a 400°F.

Caliente el agua, la mantequilla y la sal en una cacerola de 1½ cuartos a fuego alto hasta que hierva por completo. Reduzca el fuego y agregue y revuelva rápidamente Harina **Pillsbury BEST**, revolviendo vigorosamente con una cuchara de madera hasta que la mezcla se separe de los lados de la cacerola y forme una bola.

Coloque la mezcla en el tazón de mezclado. Coloque el tazón y el batidor plano en la mezcladora. Pase a la Velocidad 2 y agregue los huevos, uno a la vez, batiendo durante 30 segundos después de agregar cada uno. Pare y raspe el tazón. Pase a la Velocidad 4 y bata durante 15 segundos.

Vierta escasos cuartos de taza de masa en 12 porciones con una separación de 2 pulgadas sobre las bandejas para galletas engrasadas. Hornee de 30 a 35 minutos, o hasta que la masa se dore y se infle. Deje que se enfríen un poco sobre anaqueles de alambre, y luego corte a la mitad horizontalmente con un cuchillo dentado. Raspe el interior de las reposterías suavemente con un tenedor para eliminar masa suave si la hay, y luego deje que se enfríen por completo sobre los anaqueles de alambre.

Mientras tanto, prepare el **Relleno de Chocolate.** Combine el azúcar granulada, la maicena, y la sal en una cacerola grande. Agregue gradualmente la Leche Evaporada **PET** y el agua, revolviéndolos constantemente. Agregue chocolate sin endulzar. Cocine y revuelva a fuego medio hasta que la mezcla sea muy espesa y el chocolate se haya derretido completamente, raspando frecuentemente el fondo de la cacerola con una espátula plana. Deje que hierva a fuego lento por 1 minuto completo, revolviendo constantemente. Retire la mezcla del fuego y agregue revolviendo los chocolate chips y la vainilla. Revuelva hasta que los chocolate chips se hayan derretido completamente. Vierta en un tazón mediano y cubra la mezcla; refrigérela durante por lo menos 4 horas o durante la noche.

Mientras tanto, prepare la **Salsa de Hot Fudge.** Coloque todos los ingredientes en una cacerola pesada a fuego lento. Cocine, revolviendo constantemente, hasta que el chocolate se derrita completamente.

Para servir, llene las mitades inferiores de los pastelitos de crema con aproximadamente ⅓ taza de **Relleno de Chocolate,** y coloque la parte superior de los pastelitos sobre el relleno. Espolvoree ligeramente con azúcar en polvo (si lo desea), y luego salpique con **Salsa de Hot Fudge.**

POR PORCIÓN: APROXIMADAMENTE 363 CAL, 7 G PRO, 42 G CARB, 20 G GRASA, 102 MG COL, 36 MG SOD

Jif "PIES" DE QUESO EN MINIATURA CON JIF® Y CHOCOLATE

RENDIMIENTO: 12 PORCIONES

1 taza de Graham galletas cubiertas de chocolate bien trituradas

1 paquete (8 onzas) de queso crema, suavizado

1 paquete (3 onzas) de queso crema, suavizado

½ taza de azúcar

1 cucharadita de vainilla

½ taza de leche

2 huevos

⅓ taza de JIF® Creamy Peanut Butter

½ taza de chocolate chips semidulces, derretidos y enfriados

Precaliente el horno a 325°F. Revista 12 tazas de panecillos regulares (2½ pulgadas) con revestimientos de papel. Agregue aproximadamente 1 cucharada de galletas trituradas en cada taza y presione aplanando con la parte inferior de un vaso; coloque estas tazas a un lado.

Coloque el queso crema en el tazón de mezclado. Coloque el tazón y el batidor plano en la mezcladora. Pase a la Velocidad 4 y mezcle durante aproximadamente 2 minutos hasta que la mezcla quede uniforme. Pare y raspe el tazón. Agregue el azúcar y la vainilla. Pase a la Velocidad 6 y mezcle durante aproximadamente 1 minuto hasta que la masa esté uniforme y esponjosa. Pare y raspe el tazón. Pase a la Velocidad 2 y agregue gradualmente la leche y luego los huevos, uno a la vez, mezclando durante 15 segundos después de agregar cada uno. Pare y raspe el tazón. Pase a la Velocidad 4 y bata durante 30 segundos. Coloque la mitad de la masa en un tazón separado.

Agregue Crema de Cacahuate **Jif** a la masa en el tazón de mezclado. Pase a la Velocidad 4 y bata hasta combinar bien los ingredientes (aproximadamente 1 minuto). Divida la masa de crema de cacahuate uniformemente entre las tazas de panecillos preparadas. Devuelva la masa reservada al tazón de mezclado (no limpie el tazón ni el batidor) y agregue chocolate derretido. Pase a la Velocidad 4 y bata hasta combinar bien los ingredientes (aproximadamente 1 minuto). Divida uniformemente entre las tazas de panecillos llenadas a la mitad, untando para cubrir la masa de crema de cacahuate .

Hornee de 20 a 25 minutos o hasta que los centros estén casi rígidos. Deje que se enfríen completamente en anaqueles de alambre. Guárdelos cubiertos en el refrigerador. Quite los revestimientos de papel antes de servir.

POR PORCIÓN: APROXIMADAMENTE 255 CAL, 6 G PRO, 21 G CARB, 18 G GRASA, 65 MG COL, 151 MG SOD

TORTA DE FRAMBUESA Y MOCA SIN HARINA CON CREMA CHANTILLY

RENDIMIENTO: 8 PORCIONES

- 1 cucharadita de polvo de café espresso instantáneo o cristales de café congelados en seco
- 1 cucharada de agua
- 1 paquete (16 onzas) de chocolate chips semidulces
- ½ taza (1 barra) de mantequilla sin salar
- ¼ taza de azúcar granulada
- 4 huevos a temperatura ambiente, separados
- 1 taza de crema batida fría
- ½ cucharadita de vainilla
- 2 cucharadas de azúcar en polvo
- ½ taza de SMUCKER'S® Seedless Raspberry Jam

Precaliente el horno a 350°F. Aplique una capa de spray antiadherente para cocinar en la parte inferior y en los lados de un molde con resorte de 8 pulgadas; coloque el molde a un lado.

Disuelva el polvo de café espresso en agua, mezclando para combinar; colóquelo a un lado.

Derrita los chocolate chips y la mantequilla en una cacerola mediana a fuego mediano. Mezcle hasta combinar bien los ingredientes y luego retírelos del fuego. Agregue azúcar. Agregue las yemas de huevos batiéndolas, una a la vez, con una cuchara de madera. Vierta el espresso con el agua y mezcle bien.

Coloque las claras de los huevos a temperatura ambiente en un tazón de mezclado seco y limpio. Coloque el tazón y el batidor de alambre en la mezcladora. Gradualmente pase a la Velocidad 8 en la mezcladora. Bata hasta que se formen picos duros. Pare la mezcladora y quite el tazón. Incorpore ⅓ de la mezcla de chocolate a la vez con una espátula de hule grande, mezclando suavemente hasta que no haya rayas blancas. Vierta la mezcla en un molde preparado haciendo que la superficie quede uniforme. Hornee de 27 a 33 minutos o hasta que los bordes se hagan esponjosos. Enfríe en un anaquel de alambre durante 30 minutos. Cubra y refrigere.

Para hacer la **Crema Chantilly,** vierta la crema batida fría y la vainilla en el tazón de mezclado enfriado. Coloque el tazón y el batidor de alambre en la mezcladora. Gradualmente pase a la Velocidad 8 en la mezcladora. Agregue azúcar en polvo y bata hasta que la crema tenga picos puntiagudos y duros después de retirar la batidora de alambre.

Inmediatamente antes de servir, coloque la Mermelada **Smucker's** en una bolsa plástica resellable. Caliente en el microondas en HIGH durante 10 segundos, luego amase la bolsa; repita el procedimiento hasta que la mermelada quede uniforme. Recorte una esquina de la bolsa plástica y rocíe la mermelada derretida sobre cada porción; sirva las porciones adornándolas con **Crema Chantilly.**

POR PORCIÓN: APROXIMADAMENTE 601 CAL, 6 G PRO, 58 G CARB, 43 G GRASA, 179 MG COL, 54 MG SOD

Jif GALLETAS IRRESISTIBLES DE CREMA DE CACAHUATE

RENDIMIENTO: 3 DOCENAS DE GALLETAS

1 ¾ tazas de PILLSBURY BEST® All-Purpose Flour

¾ cucharadita de sal

¾ cucharadita de bicarbonato de sodio

¾ taza de JIF® Creamy Peanut Butter

½ Barra de CRISCO® Stick o ½ de taza de CRISCO Shortening

1 ¼ tazas de azúcar morena clara, empacada firmemente

3 cucharadas de leche

1 cucharada de vainilla

1 huevo

Precaliente el horno a 375°F. Combine la Harina **Pillsbury BEST**, la sal y el bicarbonato de sodio en un tazón pequeño; coloque esta mezcla a un lado.

Coloque la Crema de Cacahuate **Jif**, la Manteca **Crisco,** el azúcar morena, la leche y la vainilla en el tazón de mezclado. Coloque el tazón y el batidor plano en la mezcladora. Pase a la Velocidad 2 y mezcle hasta combinar bien los ingredientes (aproximadamente 1 minuto). Pare y raspe el tazón. Agregue el huevo. Pase a la Velocidad 2 y bata durante aproximadamente 30 segundos sólo hasta mezclar los ingredientes.

Pase a la Velocidad de Mezclado y agregue gradualmente la mezcla de harina, mezclando sólo hasta combinar los ingredientes.

Vierta por cucharaditas con una separación de 2 pulgadas sobre las bandejas para hornear sin engrasar. Aplane un poco con la parte trasera de un tenedor formando un diseño entrecruzado (como una X) con las púas. Hornee de 7 a 8 minutos o hasta que las galletas se hagan sólidas y se doren un poco.

POR GALLETA: APROXIMADAMENTE 111 CAL, 2 G PRO, 13 G CARB, 6 G GRASA, 6 MG COL, 105 MG SOD

SECRETOS DE CREMA DE CACAHUATE

RENDIMIENTO: 3 DOCENAS DE GALLETAS

1 Barra de CRISCO® Butter Flavor Stick o 1 de taza de CRISCO Butter Flavor Shortening, y más para engrasar las bandejas para hornear

¾ taza de azúcar morena, empacada firmemente

½ taza de azúcar granulada

½ taza de JIF® Creamy Peanut Butter

1 huevo

1 cucharadita de vainilla

2 tazas de PILLSBURY BEST® All-Purpose Flour

1 cucharadita de bicarbonato de sodio

½ cucharadita de sal

1 paquete (13 onzas) de tacitas de crema de cacahuate en miniatura cubiertas con chocolate

GLASEADO DE CREMA DE CACAHUATE

1 cucharadita de CRISCO Butter Flavor Shortening

1 taza de chocolate chips semidulces

2 cucharadas de JIF Creamy Peanut Butter

Precaliente el horno a 375°F. Aplique una capa de Manteca **Crisco** a la bandeja para hornear; colóquela a un lado.

Combine la Manteca **Crisco**, el azúcar morena, el azúcar granulado y la Crema de Cacahuate **Jif** en el tazón de mezclado con un batidor plano. Pase gradualmente a la Velocidad 4, mezclando hasta que la mezcla quede bien combinada. Raspe el tazón, y luego agregue el huevo y la vainilla. Bata 1 minuto más en la Velocidad 4. Combine la Harina **Pillsbury BEST**, el bicarbonato de sodio y la sal. Pase a la Velocidad de Mezclado; agregue gradualmente los ingredientes secos y mézclelos sólo hasta que se combinen.

Forme bolitas con cucharaditas de masa alrededor de cada tacita de crema de cacahuate en miniatura, cubriendo el dulce por completo. Colóquelas en las bandejas preparadas para galletas dejando un espacio de 2 pulgadas entre cada galleta. Hornee de 8 a 10 minutos o hasta que las galletas se doren un poco. Retire las galletas y colóquelas sobre un anaquel de enfriamiento.

Para el **Glaseado de Crema de Cacahuate,** combine Manteca **Crisco,** chocolate chips y Crema de Cacahuate **Jif** en una taza apta para microondas. Cocine estos ingredientes en el microondas en MEDIUM durante 1 minuto y luego revuélvalos. Repita el procedimiento hasta que la masa quede uniforme (o derrita los ingredientes en una cacerola pequeña a fuego bajo, revolviendo frecuentemente). Con una cucharadita, rocíe el glaseado sobre las galletas y úntelas mientras esté caliente.

POR GALLETA: APROXIMADAMENTE 211 CAL, 3 G PRO, 22 G CARB, 12 G GRASA, 6 MG COL, 124 MG SOD

CUADRITOS DE PASTEL DE QUESO DE LIMÓN Y FRAMBUESA

RENDIMIENTO: 32 BARRAS

MASA

- ¾ **Barra de CRISCO® Butter Flavor Stick o ¾ de taza de Manteca CRISCO Butter Flavor Shortening, y más para aplicar una capa al molde**
- ⅓ **taza de azúcar morena, empacada firmemente**
- 1¼ **tazas de PILLSBURY BEST® All-Purpose Flour**
- 1 **taza de avena tradicional o instantánea sin cocinar**
- ¼ **cucharadita de sal**

RELLENO

- 1 **jarra (12 onzas) de SMUCKER'S® Seedless Red Raspberry Jam**
- 2 **paquetes (de 8 onzas cada uno) de queso crema, suavizado**
- ¾ **taza de azúcar granulada**
- 2 **cucharadas de PILLSBURY BEST All-Purpose Flour**
- 2 **huevos**
- 3 **cucharadas de jugo de limón**
- 2 **cucharaditas de cáscara de limón rallada**

Precaliente el horno a 350°F. Aplique una capa de Manteca **Crisco** en un molde para hornear de 13×9×2 pulgadas; coloque el molde a un lado.

Para hacer la **Masa**, coloque ¾ de taza de Manteca **Crisco** y el azúcar morena en el tazón de mezclado. Coloque el tazón y el batidor plano en la mezcladora. Pase a la Velocidad 4 y bata durante aproximadamente 1 minuto hasta que la mezcla quede cremosa. Pare y raspe el tazón. Pase a la Velocidad de Mezclado y agregue gradualmente 1 ¼ tazas de Harina **Pillsbury BEST**, avena y sal, mezclando durante aproximadamente 1 minuto hasta que todo quede bien combinado. Presione hacia el fondo del molde preparado. Hornee durante 20 minutos o hasta que la masa se dore uniformemente. Saque la masa del horno y unte de inmediato Mermelada **Smucker's** uniformemente sobre la masa caliente; colóquela a un lado.

Para hacer el **Relleno**, coloque el queso crema, el azúcar granulada y 2 cucharadas de Harina **Pillsbury BEST** en el tazón de mezclado. Coloque el tazón y el batidor plano en la mezcladora. Pase a la Velocidad 6 y bata durante aproximadamente 1 minuto hasta que la mezcla quede uniforme. Pare y raspe el tazón. Pase a la Velocidad 2. Agregue los huevos, uno a la vez, batiendo durante aproximadamente 15 segundos después de agregar cada uno. Pare y raspe el tazón. Agregue jugo y cáscara de limón. Pase a la Velocidad 4 y bata hasta combinar bien los ingredientes (aproximadamente 1 minuto). Vierta la mezcla sobre la capa de Mermelada **Smucker's**. Hornee a 350°F durante 25 minutos, o hasta que se haga firme. Deje que se enfríe a temperatura ambiente en el molde o en un anaquel de alambre.

POR GALLETA: APROXIMADAMENTE 165 CAL, 2 G PRO, 17 G CARB, 10 G GRASA, 29 MG COL, 66 MG SOD

GALLETAS DE MERMELADA DE NARANJA

RENDIMIENTO: 5 DOCENAS DE GALLETAS

- 2 tazas de azúcar granulada
- ½ Barra de CRISCO® Butter Flavor Stick o ½ de taza de CRISCO Butter Flavor Shortening
- 2 huevos
- 1 taza de crema agria
- ½ taza de SMUCKER'S® Sweet Orange Marmalade
- 4 tazas de PILLSBURY BEST® All-Purpose Flour
- 2 cucharaditas de polvo para hornear
- 1 cucharadita de bicarbonato de sodio
- 1 cucharadita de cáscara de naranja rallada
- ½ cucharadita de sal

GLASEADO

- 3 tazas de azúcar en polvo
- ½ taza (1 barra) de mantequilla o margarina, suavizada
- ¼ taza de SMUCKER'S Sweet Orange Marmalade
  Jugo de naranja

Precaliente el horno a 400°F.

Combine el azúcar, la Manteca **Crisco** y los huevos en el tazón de mezclado. Coloque el tazón y el batidor plano en la mezcladora. Pase a la Velocidad 4 y mezcle hasta combinar bien los ingredientes. Pare la mezcladora y agregue la crema y ½ taza de Mermelada **Smucker's;** pase a la Velocidad 4 y mezcle hasta combinar bien los ingredientes. Pare y raspe el tazón. Combine la Harina **Pillsbury BEST,** el polvo para hornear, el bicarbonato de sodio, la cáscara y la sal en un tazón separado. Coloque la mezcladora en la Velocidad de Mezclado y agregue gradualmente los ingredientes secos. Pare la mezcladora y raspe el tazón. Pase a la Velocidad 4 y mezcle hasta combinar bien los ingredientes. Refrigere la masa. Colóquela en cucharaditas redondeadas sobre las bandejas para hornear engrasadas. Hornee de 8 a 10 minutos; enfríe en un anaquel.

Para hacer el **Glaseado,** combine el azúcar en polvo, la mantequilla, y de ¼ taza de Mermelada **Smucker's** en el tazón de mezclado. Coloque el tazón y el batidor plano en la mezcladora. Pase a la Velocidad de Mezclado y mezcle hasta combinar los ingredientes. Pare y raspe el tazón. Continuando en la Velocidad de Mezclado, agregue el jugo de naranja, 1 cucharadita a la vez, hasta que el glaseado alcance una consistencia adecuada para untarlo. Pase a la Velocidad 4 y bata durante aproximadamente 1 minuto, o hasta que la mezcla quede uniforme. Úntelo sobre las galletas enfriadas.

POR GALLETA: APROXIMADAMENTE 126 CAL, 1 G PRO, 22 G CARB, 4 G GRASA, 13 MG COL, 74 MG SOD

PET. GALLETAS DE AVENA Y PASAS GLASEADAS
THE DAIRY GOODNESS PEOPLE

1 Barra de CRISCO® Butter Flavor Stick o 1 de taza CRISCO Butter Flavor Shortening, y más para aplicar capas a las bandejas para galletas	¼ cucharadita de nuez moscada rallada
2 tazas de PILLSBURY BEST® All-Purpose Flour	1 taza de azúcar morena, empacada firmemente
1 cucharadita de bicarbonato de sodio	1 cucharadita de vainilla
	2 huevos
½ cucharadita de clavo molido	⅔ taza de PET® Evaporated Milk
¼ cucharadita de sal	1 cucharadita de polvo de café espresso instantáneo o cristales de café instantáneo
¼ cucharadita de canela molida	1 taza de pasas
	1 taza de avena de cocción rápida, sin cocinar
	Glaseado de Café Especial (receta a continuación)

Precaliente el horno a 350°F. Aplique una capa de Manteca **Crisco** a las bandejas para galletas. Combine Harina **Pillsbury BEST**, bicarbonato de sodio, clavo, sal, canela y nuez moscada en un tazón mediano; colóquelo a un lado.

Combine 1 taza de Manteca **Crisco,** azúcar morena y vainilla en el tazón de mezclado. Coloque el tazón y el batidor plano en la mezcladora. Pase a la Velocidad 4 y bata hasta que la mezcla quede ligera y esponjosa. Pare y raspe el tazón. Pase a la Velocidad de Mezclado y agregue los huevos, uno a la vez. Pare y raspe el tazón.

Mezcle juntos la Leche Evaporada **PET** y el polvo de espresso instantáneo en un tazón pequeño hasta que el café se disuelva por completo.

Coloque la mezcladora en la Velocidad de Mezclado. Alternando, agregue la mezcla de Leche Evaporada **PET** y la mezcla de harina en el tazón de mezclado. Pare y raspe el tazón. Pase a la Velocidad 4 y bata durante 1 minuto. Pase a la Velocidad de Mezclado; agregue las pasas y la avena y mezcle hasta combinar bien los ingredientes, aproximadamente 1 minuto.

Vierta la mezcla por cucharaditas colmadas sobre las bandejas para galletas preparadas. Hornee de 9 a 11 minutos, o hasta que se dore un poco. Deje que las galletas se enfríen por completo; báñelas con el **Glaseado de Café Especial.**

GLASEADO DE CAFÉ ESPECIAL

¼ taza de PET® Evaporated Milk	¼ taza (½ barra) de mantequilla o margarina, suavizada
1 cucharadita de polvo de café espresso instantáneo o cristales de café instantáneo	1 cucharadita de vainilla
	¾ cucharadita de canela molida
2¼ tazas de azúcar en polvo	

Mezcle juntos la Leche Evaporada **PET** y el polvo de espresso instantáneo en un tazón de mezclado hasta que el café se disuelva por completo. Agregue los ingredientes restantes al tazón de mezclado. Coloque el tazón y el batidor plano en la mezcladora. Pase a la Velocidad 4 y bata hasta combinar los ingredientes. Pare y raspe el tazón. Pase a la Velocidad 4 y bata durante 1 minuto más, o hasta obtener la consistencia deseada.

POR GALLETA: APROXIMADAMENTE 129 CAL, 1 G PRO, 18 G CARB, 6 G GRASA, 13 MG COL, 56 MG SOD

ENGLISH

ESPAÑOL

FRANÇAIS

METRIC CONVERSION CHART

VOLUME MEASUREMENTS (dry)

1/8 teaspoon = 0.5 mL

1/4 teaspoon = 1 mL

1/2 teaspoon = 2 mL

3/4 teaspoon = 4 mL

1 teaspoon = 5 mL

1 tablespoon = 15 mL

2 tablespoons = 30 mL

1/4 cup = 60 mL

1/3 cup = 75 mL

1/2 cup = 125 mL

2/3 cup = 150 mL

3/4 cup = 175 mL

1 cup = 250 mL

2 cups = 1 pint = 500 mL

3 cups = 750 mL

4 cups = 1 quart = 1 L

VOLUME MEASUREMENTS (fluid)

1 fluid ounce (2 tablespoons) = 30 mL

4 fluid ounces (1/2 cup) = 125 mL

8 fluid ounces (1 cup) = 250 mL

12 fluid ounces (1 1/2 cups) = 375 mL

16 fluid ounces (2 cups) = 500 mL

WEIGHTS (mass)

1/2 ounce = 15 g

1 ounce = 30 g

3 ounces = 90 g

4 ounces = 120 g

8 ounces = 225 g

10 ounces = 285 g

12 ounces = 360 g

16 ounces = 1 pound = 450 g

DIMENSIONS

1/16 inch = 2 mm

1/8 inch = 3 mm

1/4 inch = 6 mm

1/2 inch = 1.5 cm

3/4 inch = 2 cm

1 inch = 2.5 cm

OVEN TEMPERATURES

250°F = 120°C

275°F = 140°C

300°F = 150°C

325°F = 160°C

350°F = 180°C

375°F = 190°C

400°F = 200°C

425°F = 220°C

450°F = 230°C

BAKING PAN SIZES

Utensil	Size in Inches/ Quarts	Metric Volume	Size in Centimeters
Baking or Cake Pan (square or rectangular)	8×8×2	2 L	20×20×5
	9×9×2	2.5 L	23×23×5
	12×8×2	3 L	30×20×5
	13×9×2	3.5 L	33×23×5
Loaf Pan	8×4×3	1.5 L	20×10×7
	9×5×3	2 L	23×13×7
Round Layer Cake Pan	8×1 1/2	1.2 L	20×4
	9×1 1/2	1.5 L	23×4
Pie Plate	8×1 1/4	750 mL	20×3
	9×1 1/4	1 L	23×3
Baking Dish or Casserole	1 quart	1 L	—
	1 1/2 quart	1.5 L	—
	2 quart	2 L	—